Wolfgang Jocher

Fake the Fake

Die Hinterlassenschaften des Donald Trump

Impressum

Bibliografische Information der Deutschen Nationalbibliothek: Die Deutsche Nationalbibliothek verzeichnet diese Publikation in der Deutschen Nationalbibliografie; detaillierte bibliografische Daten sind im Internet über http://dnb.d-nb.de abrufbar.

Bildnachweis: Autorenfoto: © Fotostudio Berger, 4060 Leonding, Österreich

Covergestaltung: Mag. oec. JKU Wolfgang Jocher, 4490 St. Florian, Österreich

Herstellung und Verlag: BoD - Books on Demand, 22848 Norderstedt, Deutschland,

Gendererklärung: So weit möglich, wurde darauf Bedacht genommen, Damen und Herren
explizit im Text anzusprechen. Wo genau dies nicht erfolgt ist, stelle ich klar: Es sind selbstverständlich immer Damen und Herren gleichrangig gemeint.

ISBN: 9783749449408

Inhalt

Vorwort

Keine Frage, Donald Trump wurde vom amerikanischen Volk nach den dort geltenden Regeln demokratisch gewählt. Jedoch präsentiert sich Donald Trump wohl als jener Präsident der USA, der vor allem wegen der Art und wegen des Inhalts seiner öffentlichen Wortmeldungen immer wieder auffällt und der deswegen fast permanent im gleißenden medialen Rampenlicht steht. Aber selbstverständlich verdient auch der Stil seines ungestüm trotzigen, meistens mit allerlei Deals unterlegten Regierens per Dekret kritische Aufmerksamkeit.

Die langfristigen Auswirkungen des Stils, der Art des Agierens eines Präsidenten der USA auf die Gesellschaft in den USA einerseits und auch andererseits weltweit in den Beziehungen zu anderen Staaten sind mindestens ebenso mannigfaltig und weitreichend wie jene im weltweiten makroökonomischen Zusammenhang. Und so generiert auch Donald Trump neue Werte oder definiert bestehende Werte neu.

Dieses Buch lenkt die Aufmerksamkeit auf diesen bislang zu wenig erkannten, unterschätzten oder auch verdrängten Aspekt Trump'scher entscheidungs- und auftrittsorigineller Aktivitäten. Es rückt das „Wie" seines Agierens in den Vordergrund.

Wieso kann er sich das alles herausnehmen, was er sich herausnimmt? Darf er denn das? Wo sind die Kräfte, die ihn vor sich herschieben? Warum bremst ihn keiner? Warum „funktioniert" Trump überhaupt? Sind es etwa wir selbst, die ihm jene Bühne bieten, die er zu seiner Entfaltung braucht?

Grundsätzlich gibt es zwei Möglichkeiten, über einen Menschen zu schreiben. Man kann ihn entweder beurteilend und bewertend beschreiben, wie er ist. Oder man kann beschreiben, wie er auf andere - konkret auf mich als Autor – wirkt.

Ich habe mich für die letztere Variante entschieden und ich beschreibe daher, wie Trump in den für mich wesentlichen Facetten auf mich wirkt. Denn wie er wirklich ist, weiß ich nicht, und - ehrlich gesagt - ich will es auch nicht wissen.

Was ist „Wirklichkeit"?

Ein Passant begegnete auf der Straße zufällig einem bekannten Fernsehmoderator. „Ich glaube es nicht, Sie sehen ja aus wie in Wirklichkeit!" war der freudig erregte Ausruf des Passanten.

Ein regional bekannter ehemaliger Politiker sagte kurz nach der Einführung des EURO als Zahlungsmittel: „Wir haben in unserem Bundesland für dies und das über 400.000,-- Euro Förderungen beschlossen, das sind in Wirklichkeit" …, und hier stockte er. Denn er dachte in seinem Innersten noch in Größenordnungen der durch den EURO abgelösten ursprünglichen Landeswährung und wollte vermutlich darstellen, wie hoch dieser Betrag in der ursprünglichen Währung nominell gewesen wäre. Er wollte damit den Wert dieser Förderungsentscheidung selnem Publikum gegenüber klarer ausdrücken. Aus politischer Sicht hätte dieser höhere Wert natürlich wesentlich besser geklungen.

Die aktuelle subjektive Wahrnehmung der objektiven Wirklichkeit ist das aktuelle Ergebnis eines lebenslangen Lernprozesses, und dieses Ergebnis wirkt hier und jetzt. Diesem individuellen Lernprozess unterliegen wir alle, er beginnt im Mutterleib und endet mit dem Tod. In jeder Sekunde unseres Lebens nehmen wir Sinneseindrücke wahr, und das menschliche Ohr ist sogar während einer

Narkose oder während des Schlafens „offen" und nimmt auf, was rundherum akustisch abläuft.

Dieser eigen subjektiv gelebte Wirklichkeitsbegriff wirkt besonders auch in das eigene Kommunikationsverhalten hinein. Nehmen wir als Beispiel ein gesprochenes Wort. Ein gesprochenes Wort existiert real als Schallwelle. Aber wie wir dieses im Grunde physikalisch getragene Ereignis zunächst unabhängig vom Inhalt bewerten, ob wir es als laut oder leise, wohlklingend oder schrill, aggressiv oder ruhig wahrnehmen, liegt an uns selbst.

Ausschlaggebend für das subjektive Wahrnehmen eines gesprochenen Wortes ist auch der Kontext, in dem dieses Wort ausgesprochen wird. Ein noch so leises Wort, zeitgleich ausgesprochen während einer subtilen Pianostelle in einem Sinfoniekonzert, wird wohl als unmanierliche Störung ärgerlich wahrgenommen werden. Ein leiser ungewöhnlicher Laut in einem finsteren nächtlichen Wald löst hingegen völlig andere Emotionen aus.

Die handelnden Personen gehören ebenfalls zum Kontext, in dem z.B. ein gesprochenes Wort wahrgenommen wird. Das leise Wort im Sinfoniekonzert, ausgesprochen vom musikalisch-emotional hochfliegenden Dirigenten an seine Musiker wird man gerne als nettes „Hoppala" wegstecken. In den Konzerten des berühmten Jazzpianisten Oscar Peterson haben die Zuhörer geradezu schon darauf gewartet, dass er zu seinen Improvisationen begleitend summt.

Die eigene aktuell wahrgenommene Lebenssituation beeinflusst ebenfalls das eigene Wahrnehmungsverhalten. Auf diese Basis quasi „aufmoduliert" erreicht uns dann der Informationsteil der Botschaft.

Aus der Sicht des Senders völlig eindeutig und unmissverständlich formuliert, kommt sie beim Adressaten vielfach ganz anders an. Der Adressat ist nämlich wegen seiner vielen im Laufe seines Lebens erworbenen Filter und wegen der aktuellen Lage, in der er sich gerade befindet, sehr wahrscheinlich ganz anders aufgestellt als der Sender, der natürlich genauso wieder Empfänger in seiner „eigenen" Welt lebt und dort zu Hause ist.

Ganz bestimmt kennen Sie die nachfolgenden Rechtfertigungen und Entschuldigungen auf Senderseite: „Also, nein, warum regst Du Dich so auf, das wollte ich nicht, da hast Du mich missverstanden, das habe ich ganz anders gemeint, Du bist ja ganz schön empfindlich, ..." Es wäre an dieser Stelle gewiss höflicher und verbindlicher, würde der Sender sagen: "Ich bedaure, aber da habe ich mich wohl falsch ausgedrückt." Es ist eben leichter, mit dem Zeigefinger auf andere zu zeigen, anstatt bei sich zu bleiben und den Finger lieber auf sich selbst zu richten.

Unterschätzt werden auch kindliche Prägungen aus dem eigenen elterlichen Umfeld oder aus dem Kontakt mit wichtigen Bezugspersonen aus der Kinderzeit. Es kann durchaus vorkommen, dass durch eine arglose Äußerung eines Menschen ganz tiefsitzende Gefühle und / oder Werthaltungen positiv oder negativ angesprochen werden. Die angesprochene Person reagiert dann manchmal auf eine derart unerwartete Art und Weise, dass der Sender der Botschaft in einer Schockreaktion am besten in Deckung geht.

Unsere subjektive Wahrnehmung zu einem bestimmten Zeitpunkt hängt also von unglaublich vielen Faktoren ab.

Kommunikation

Einer der bekanntesten Persönlichkeiten auf dem Gebiet der Kommunikationsforschung war wohl der österreichisch-amerikanische Kommunikationswissenschaftler, Psychotherapeut, Soziologe und Philosoph Paul Watzlawick.

Aufbauend auf seinem Postulat der Unmöglichkeit des Nichtkommunizierens kann man sagen: Kommunikation ist allgegenwärtig, der Kommunikation kann man sich daher nicht entziehen. Denn sogar im Schlaf oder unter Narkose kommunizieren wir, denn das menschliche Ohr ist immer offen und nimmt akustische Signale auf.

Auch wenn wir meinen, nicht zu kommunizieren, weil wir z.B. schlafen, senden wir jede Menge optischer und akustischer Signale. Schnarchen, unruhiges Hin- und Herdrehen, im Schlaf sprechen ... Ein Beobachter kann daraus bestimmt einiges herauslesen und seine Eindrücke entsprechend analysieren.

Die Rolle der Medien

Für das Verbreiten von Informationen stehen heute verschiedenste Transportkanäle zur Verfügung. Im einfachsten Fall werden Informationen durch das gesprochene Wort im Wege von Luftschwingungen verbreitet.

Die Art des Newskonsums auf Konsumentenebene begünstigt das Verbreiten von Fake News. Das liegt zum einen wohl daran, dass auch die seriösesten Nachrichtenmedien nur einen Bruchteil dessen wiedergeben können, was da draußen so vor sich geht und ging und dass anderseits jedes Printmedium und jede Nachrichtensendung auch verkauft werden will. Das Spannungsfeld zwischen seriösem Journalismus, Quoten und Ertrag erweist sich als kaum zu bewältigbar.

Ich stelle mir vor, dass die objektiv relevanten Neuigkeiten eines ganzen einzigen Tages in Form von 1 x 1 mm großen Puzzleteilchen eine Fläche von der Größe mehrerer Fußballfelder bedecken. Eine Tageszeitung wird allerdings vielleicht nur über 100 News einigermaßen umfassend berichten können. Mal erscheinen sie als 1/8-Spalter mit einer kleinen Überschrift auf einer linken Seite, mal als großer Aufhänger auf der Titelseite gekrönt durch eine fette Schlagzeile.

Die Redaktionen sind täglich gefordert, aus dem überbordenden Newsangebot z.B. eine Zeitung zu gestalten, die unter anderem folgenden Anforderungen gerecht wird:

- Berichten von „Wahrheiten"

- Erreichen des Auflagenziels

- Einhalten der Blattlinie

- Begeisterung der Stammleserschaft

- Gemäß der Blattlinie Wichtiges von Unwichtigem unterscheiden

- einen gesunden Mix zwischen Wichtigem
  und Dringendem zu zaubern

- die Aufhänger für die Titel- und Themen-
  seiten so platzieren, dass sie dem kun-
  denseitig erwarteten Seriositätsgrad entsprechen und somit in Richtung Zielpubli-
  kum verkaufsfördernd wirken

- die Inseratenkunden bei der Stange halten.

Das gesamte Szenario stellt sich somit
als tägliches Gezerre zwischen seriöser Re-
cherche- und Redaktionsarbeit und kaufmän-
nischen Belangen dar, getragen vom täglichen Wollen, ein „ordentliches" Printmedium
auf den Markt zu bringen.

Erheblicher Druck wird durch die satt-
sam bekannten Internetmedien wie z.B.
Twitter aufgebaut. Hier wird ohne die
Schranken einer seriösen Recherche „gezwit-
schert", was das Zeug hält. Vielleicht ist es
(nicht ganz) wahr oder doch (nicht ganz)
falsch, Hauptsache die Headline bannt des
Lesers Aufmerksamkeit. „Mann beißt Hund!"
Bingo, das muss ich lesen!

Das Problem ist nur: Die Spanne der
täglichen Aufmerksamkeit der Menschen

rundherum ist begrenzt! Im Wesentlichen buhlen daher die Medien um einen möglichst großen „Marktanteil" an der täglich im Lesermarkt verfügbaren individuellen Aufmerksamkeitsspanne.

Die Frage nach der Gesamtgröße der individuellen täglichen Aufmerksamkeitsslots für Neuigkeiten aller Art stellt sich also schon vorher. Denn sie ist eine Messgröße für eine Vorstufe dessen, was im strategischen Marketing „Marktvolumen" genannt wird. Verknüpft mit der Neigung der Leser, für das Lesen bestimmter Nachrichten täglich Geld auszugeben und dann auch noch Zeit zum sinnerfassenden Lesen zu widmen, kann man den Begriff „Marktvolumen" tatsächlich betriebswirtschaftlich relevant ausgestalten.

Wie gesagt, Geld allein ist nicht die einzige Bezugsgröße. Viel wichtiger ist heute die Zeit, die jemandem nach dem Konsum von für ihn wichtigen Informationen zum aufmerksamen, sinnerfassenden Lesen von Nachrichten aller Art noch verbleibt. Und das ist wenig, mitunter sehr wenig, häufig viel zu wenig.

Der Kampf um die individuellen Aufmerksamkeitsslots wird also immer heftiger. Man kann es mit einem Szenario vergleichen, in dem alle PKW mit Fernlicht und Dauerhupe unterwegs sind. Wie kann sich hier ein Einsatzfahrzeug (also eine Newsquelle mit einer wirklich wichtigen Information) Aufmerksamkeit verschaffen? Aha!

Ich hoffe ich konnte klar beschreiben, worum es hier geht und in welch wilden Gewässern sich gewisse Politiker mit ihren gesteuerten gefakten News herumtreiben. Blaues Flackerlicht und Folgetonhorn, aufgebaut auf einem top gestylten und mit schicken Breitreifen aufgemotzten Fahrzeug, schlägt schlichtes Fahrrad mit batteriebetriebener Front- und Heckfunzel. Sehr einfach, aber sehr gefährlich!

Bewertungen

Jede Bewertung hat ihren Ursprung zunächst in unserem Unterbewusstsein und wird erst im Nachhinein aus unserer rationalen Sicht argumentiert. Hören Sie aufmerksam in sich hinein und versuchen Sie den Ablauf Ihrer Bewertung z.B. einer Situation, einer Begegnung, einer Aussage, eines visuellen Eindrucks nachzuvollziehen. Wann hat Ihr Bauch signalisiert „super" oder „idiotisch"? Wann kam Ihr „weil", oder kam es am Ende gar nicht hoch?

Vorverurteilungen

„Ach, wenn die das sagen, dann kann es nur schlecht sein!" Kennen Sie das? Ohne den Inhalt einer Botschaft zu hören, ihn wahrzunehmen, sich damit kritisch auseinanderzusetzen, ihn eventuell sogar zu diskutieren - nein, danke, mag ich nicht, lehne ich ab. Kommt dieselbe Botschaft aus einem Kanal, der geschätzt wird, dann heißt es sofort: „Ja, super, toll, genau das ist es!"

Dieses Verhalten hat wohl mit unserer subjektiven Wirklichkeit zu tun. Die eigenen, subjektiven Bewertungen schützen vor dem Erfordernis, die eigene, subjektive Wirklichkeit durch einen simplen Anstoß von außen hinterfragen zu müssen.

Subjektive Bewertungen wirken wie ein schützender Panzer. Der kann sogar (emotionale) Munition verschießen, wenn das Bedrängen von außen subjektiv als zu stark empfunden wird. Da helfen keine noch so starken Argumente, ja nicht einmal stille eigene Einsichten: „Naja, so unrecht haben die eigentlich nicht ... Aber nein, von denen lasse ich mir nichts sagen, egal, was es ist!"

Neid

„Wieso kann sich die / der dies und das leisten (und ich nicht)? Schon wieder ein neues größeres Auto, und ein (neuer, größerer) Pool entsteht im Garten auch? Da ist was faul, das geht bestimmt nicht mit rechten Dingen zu!" Kennen Sie das?

Neid muss auch hart erarbeitet werden. Wer keine Neider hat, der hat „es" wohl noch nicht geschafft, oder?

Mit Neid geht viel mehr eigene Kraft verloren, anstatt sich zu sagen: „Die haben es eben geschafft. Sicher haben sie dafür auch hart gearbeitet, bestimmt auch einiges riskiert und sehr wahrscheinlich auf so manche freie Stunde verzichtet. Ich wünsche ihnen von Herzen auch persönliches Glück dazu!"

Schubladendenken

Während eines Mittagsbuffets anlässlich eines Seminars sagte ein Teilnehmer - übrigens ein Techniker - zu mir: „Von da drüben

[er wies mit einer abschätzigen Kopfbewe-
gung auf das gegenüberliegende Gebäude einer Kunsthochschule] kommen diejenigen
her, die später keinen Job finden, und die wir
daher nachher durchfüttern müssen." Ich
war leider zu perplex, um ihm darauf zu ant-
worten: „Aber von dort kommen die Leute
her, die machen können, dass Ihnen alle
möglichen Produkte gefallen, weil Form und
Farbe stimmig zueinander passen."

Ohne sich inhaltlich damit zu beschäfti-
gen, was in dieser Institution gelehrt wird
und womit sich die Professoren und Studen-
ten täglich auseinandersetzen, hat er alle
pauschal quasi in die Rundablage befördert.

Veränderungsbereitschaft

Ich gestatte mir hier ein sehr einprägsames Szenario aus der Landwirtschaft anzuführen: Wer ein Schwein in seinen Garten entlässt, der darf sich nicht wundern, wenn das Schwein laut grunzend seinen Gemüsegarten umpflügt.

Es ist außerdem wie bei der Hundeerziehung: Wenn man seinen Hund versehentlich fürs Bellen und Beißen lobt, dann wird der Hund das mit Freude fortsetzen. Denn er will ja seinem Herrn gefallen.

Sehr problematisch sehe ich jeden Veränderungsversuch von außen. So wird eine Frau nicht zur Lady, wenn man sie in ein Designerkleid steckt. Und aus einem Mann wird kein Gentleman, wenn man ihm einen Smoking verpasst.

Ich denke auch an die Legionen von Frauen, die einen trendigen Feschak heiraten und dann glauben, ihn umerziehen zu können. Massiver Stress von Anfang an ist absehbar.

Überaus beliebt sind beispielsweise auch große Autos, Designerprodukte und aufwändige Reisen als Attribute, mit denen sich schwach aufgestellte Menschen Respekt und Gehör verschaffen und sich in den Mittelpunkt rücken wollen.

Geld auszugeben, das hoffentlich auch wirklich zur Verfügung steht, ist eben einfacher, als auf psychotherapeutischer Ebene an seinem Persönlichkeitsprofil zu arbeiten. Alle EigentümerInnen einer trendig besetzten Marke sitzen daher auf einer Bonanza.

Wenn aber der aufgeklebte, aufgenähte, aufgemalte Name eines Produkts viel mehr wert ist als das hineingesteckte Material und die investierte Arbeit, dann wird es Zeit, über solch absurde Relationen ein wenig nachzudenken.

Nachhaltige Veränderung eines Menschen funktioniert insgesamt nur dann, wenn der Wunsch dazu von dem betreffenden Menschen selbst kommt. Basis dafür ist das selbstkritische Hinterfragen der eigenen Persönlichkeit und was noch alles dazu gehört. Denn dann wird dieser Mensch auch bereit sein, die dafür nötigen Kräfte zu mobilisieren.

(Staats)Dirigent, wozu?

In einem Unternehmen, einem Orchester, einem Staat wissen doch ohnehin alle, was und wie etwas zu tun ist. Jeder kennt die Rahmenbedingungen, jeder kennt die gesetzlichen Normen und Vorschriften. Wenn sich alle Beteiligten auf Punkt und Beistrich genau an diese Vorgaben halten, dann müsste doch alles funktionieren, oder?

Um aus einem Orchester die maximale Leistung, den strahlenden Klang herauszuholen, bedarf es des Musizierens. Die Noten richtig zu spielen und dabei die notierten Vortragszeichen (piano, forte, crescendo, …) zu befolgen, ist leider zu wenig. Man wird wohl hören, was das für ein Stück ist, aber ein unvergessliches Erlebnis wird daraus kaum werden.

Ein GEO eines Unternehmens, von dem man eine solche Aussage niemals erwarten würde, hat einmal sinngemäß in einem Interview gesagt: „Man wird immer merken, wenn etwas mit Liebe und Engagement gemacht worden ist.‟

Dieser besondere gemeinsame Wille, dieses spezielle Engagement, diese herausragende emotional getragene, gemeinsame Kraftanstrengung, die für das Zustandebringen eines unvergesslichen Highlights erforderlich ist, bedarf eines positiv aufgeladenen

Umfelds und eines Menschen, der vorne steht und der eine Sternstundenleistung auch auf emotionaler Ebene ermöglicht.

Ein solches Umfeld entsteht nur dann und kann nur dann stabil existieren, wenn sich alle Führungsverantwortlichen auf ihre Führungsaufgaben besinnen können und wenn sie es nicht notwendig haben, ihre Zeit und Kraft in das Aushandeln zweifelhafter Deals zu investieren.

Führungsverantwortliche sollten, ja müssen sich auf das Wahrnehmen ihrer Führungsverantwortung konzentrieren können. Es geht um fordern und fördern all jener, die durch ihr Machen und Tun dazu beitragen, dass herausragende Leistungen wie aus einem Guss entstehen. Und dieser eine Guss ist es auch, der auf den Konsumenten wirkt und seine Entscheidung positiv beeinflusst.

Pressuregroups

Mächtige Gruppierungen, die ihre Interessen durchsetzen wollen, sind in jedem Staat am Machen und Tun. Damit sie ihre Einflüsse geltend machen können, schieben sie politische Parteien vor, die dann ihrerseits die „richtigen" Personen für die politisch relevanten Positionen (zu) nominieren (haben). Unter diesen wenigen handverlesen vorsortieren Alternativen dürfen dann die Wählerinnen und Wähler in demokratischen Wahlen abstimmen. Ist das wirklich noch demokratisch, oder ist es doch schon etwas anderes?

Pressuregroups sind die wirklich treibenden Kräfte hinter sehr vielen maßgeblichen politischen Entscheidungen. Sie stehen dermaßen geschlossen hinter den von ihnen favorisierten Politikern und Politikerinnen, sodass niemand ohne Billigung zurücktreten kann.

Daraus ergeben sich denkbar eingeschränkte Handlungsspielräume für Menschen in politischen Führungspositionen. Das gilt auch uneingeschränkt für Leute wie Donald Trump.

Fake News

Blicken wir gleich eingangs hinter die Kulissen dieses Begriffs, dem Präsident Donald Trump - ob absichtlich oder ungewollt - zu weltweiter Popularität verholfen hat.

Eine wirklich eindeutige und allgemein gültige Definition des Begriffes „Fake News" scheint es nicht zu geben. Im Grunde handelt es sich bei Fake News um ein sehr breites Spektrum an Meldungen in diversen Medien, um z.B. die Aufmerksamkeit gezielt und markant auf Sachverhalte zu lenken, die in Wahrheit wesentlich unwichtiger als dargestellt sind.

Die „Fahnenstange" reicht dabei von etwas behübschter und gezielt gekneteter Information bis hin zur absichtlichen Falschinformation und sogar zur Lüge. Aber schon allein durch das Ablenken von Wichtigem, durch das Betonen von Unwichtigem oder durch das Verschweigen von Wichtigem kann man absichtlich Tohuwabohu, Unsicherheit, Desorientierung und vor allem auch Angst zu erzeugen.

Beliebt ist auch das Herstellen beliebiger Zusammenhänge, die in erster Linie dem Informationszweck des Fakers dienen und dabei das objektive Informationsbedürfnis des Adressaten bewusst außer Acht lassen. So manche pseudowissenschaftliche

Publikation gerade aus dem medizinischen Bereich in der Regenbogenpresse ist Ihnen bestimmt schon aufgefallen. Hier wird gezielt mit der Angst gespielt, um alle möglichen Produkte zur Selbstmedikation anzupreisen.

Der Fokus liegt oft auch auf dem gezielten Verwischen der Grenzen zwischen wahr und falsch. Der Begriff "Wahrheit" wird allerdings durch stark subjektiven Einschlag geprägt, daher wohnt ihm an sich schon genug Brisanz inne. Hat doch jeder Mensch im Laufe seines Lebens seine eigenen Wahrheiten für sich entdeckt und entwickelt, die ihm beim Bewältigen seiner Lebensaufgaben als Leitlinien und als Stütze dienen.

Aber das Ablenken der Aufmerksamkeit vom wirklich Wichtigem steht bei Fake News offenbar im Zentrum. Davon profitiert zum Beispiel auch die Magie. Der Magier lenkt die Aufmerksamkeit seiner Zuschauer in seiner Show ganz bewusst auf eine Nebensächlichkeit, indem er ganz gezielt etwas Unwichtiges als wesentlich hervorhebt. Während Sie gespannt genau wie gewünscht dorthin schauen, „zaubert" der Magier. Ja, so einfach geht das - im Prinzip!

Vor dem Zeitalter des Internets waren es die Boulevardblätter, die die Aufmerksamkeit mit fetten Schlagzeiten auf ihre gedruckten gefakten News lenkten. Kolporteure haben damals hastig gedruckte

Sonderausgaben lautstark in den Straßen angepriesen. Heute sind es die Internetmedien, mit denen Fake News nahezu virenartig flächendeckend über den gesamten Globus verbreitet werden können. Um sich den Boulevard-Fakes hinzugeben, musste man früher die betreffende Zeitung tatsächlich kaufen, was im Endeffekt als effiziente Schranke gegen News-Überforderung wirkte.

Informationen gibt es im Internet jedoch gratis und überdies zuhauf. Zu einem bestimmten Problem oder Thema lesen Sie aktuell mindestens ca. 23 verschiedene, auf den ersten Blick oft nur wenig unterschiedliche Meinungen. Jedoch unterscheiden sie sich inhaltlich durch anders gesetzte Betonungen und vielleicht auch durch nur marginal unterschiedlich formulierte Texte. Geschickt platzierte, blickfangende Fotos oder bewegte Bilder steigern die emotionale Wirkung. Sie unterstützen eigenständige Interpretationen in die beabsichtigte Richtung bzw. fordern sie geradezu heraus.

Damit sind die Schleusen für eine Sturzflut an Informationen, für einen wahren Informationstsunami geöffnet, sodass Orientierung immer schwieriger wird. Newsletter, verziert mit allerlei Werbung, ein Click genügt zum (vermeintlichen) Glück! Sind die kostenpflichtigen Informationen „besser" als die kostenfreien? Wer weiß! Der Rückzug vieler Menschen in ihre Privatsphäre nach

der Devise „My home is my castle" und
„Lasst mich mit der bösen Welt da draußen
in Ruhe" stellt eine ganz natürliche Reaktion
auf diese geballten Wellen an Unsicherheit
und Verwirrung dar.

Fake News: Ein alter Hut

Überall dort, wo sich jemand besonders
profilieren und seine Person speziell herausstellen möchte, besteht die Tendenz, dieses
Vorhaben mit Fake News zumindest zu unterstützen. Aber auch um bahnbrechende,
gegen den allgemeinen Wissensstand lau-
fende Informationen nachdrücklich zu publizieren, wird gerne ein bisschen „nachgelegt".

Besonders schöne und eindrucksvolle
Beispiele für Fake News lieferte schon das
Orakel von Delphi. Mit seinen auf den ersten
Blick nicht erkennbaren zweideutigen Orakel-
sprüchen wurde so mancher Herrscher oder
ehrgeiziger Feldherr in die Irre geleitet.

Fake News finden wir heute überall.
Eine sehr beliebte Spielwiese dafür ist die In-
terpretation von methodisch meistens richtig
erhobenen Zahlen. Aber nicht die erhobenen
Zahlen werden dabei gefälscht, denn das
wäre denn doch viel zu plump.

Es beginnt hingegen schon damit, dass
die Fragestellungen entsprechend den Erwar-
tungshaltungen der Auftraggeber so formuliert werden, dass man damit zielgerichtet

auf das erwartete Ergebnis hinsteuert. Und am Ende wird „auf Teufel komm raus" interpretiert, dass alles durcheinanderfliegt. So lassen sich auch auf den ersten Blick unvermutete, mitunter weit hergeholte Abhängigkeiten zwischen offenbar sehr weit entfernten Variablen wirklich robust darstellen.

Ein ganz besonders heißes Thema beschreibt das Umsetzen von Zahlenkolonnen in anschauliche und einleuchtende Grafiken. Raffiniert angewandte Skalierungen, Formen, Strichstärken und Farben erzeugen emotionale Informationen, noch bevor der dazu gehörige Detailbericht sinnerfassend gelesen, verstanden werden konnte.

Sogar die Entscheidung, ob Tortengrafiken, Balken, Säulen oder einfache Linienzüge das Ergebnis darstellen sollen, kann manipulative Aspekte erkennen lassen und manipulative Erfordernisse abdecken.

So kann man sehr elegant richtige, aber unbequeme Informationen über die emotionale Schiene ein bisschen verbiegen zwischen: "Ach was, ist doch gar nicht so arg" obwohl dem ganz und gar nicht so ist, bis zu: "Oh, super toll!", obwohl dem ebenso ganz und gar nicht so ist.

Sie wundern sich sicher immer wieder, dass nach Wahlen unabhängig vom Ausgang jede politische Partei einen fulminanten Sieg eingefahren hat und dass Niederlagen nur dann eingeräumt werden, wenn es wirklich nicht mehr anders geht? Wie kommt das, wie ist das möglich?

Ganz einfach, man nehme halt beim Interpretieren nur jene Referenzzahlen her, die im Vergleich mit den aktuell erzielten Ergebnissen eine Steigerung zeigen. So wird aus einer herben Niederlage zum Beispiel plötzlich das beste Ergebnis seit 10 Jahren.

Bei der Kommunikation von Steigerungsraten können sich routinierte Mathematiker ebenfalls austoben. Das folgende Beispiel ist willkürlich zusammengestellt, zeigt aber dennoch die relevanten mathematischen Zusammenhänge einleuchtend auf:

Eine statistische Untersuchung ergab, dass von 1.000 rohen Bauklötzen aus Holz 30 Klötze bei einer Raumluftfeuchte von 40% Schimmel ansetzten. Wenn man die Raumfeuchte auf 80% erhöhte, dann setzten 60 Bauklötze Schimmel an. Die Schimmelrate betrug also bei 40% Luftfeuchte 3 %, bei 80% Luftfeuchte 6%.

So weit, so gut. Ohne die Zahlen zu verfälschen, kann man nun alarmierend und unwiderlegbar formulieren: „Bei einer Verdoppelung der Raumfeuchte steigt die Schimmelrate um 100%." Etwas eindrucksvoller klingt das noch, wenn man zusätzlich wertende Eigenschaftswörter als Feelingverstärker gezielt einsetzt und die Aussage auch

noch mit einem Ausrufezeichen abschließt:
„Bei einer **bloßen** Verdoppelung der Raumfeuchte steigt die Schimmelrate um **satte**
100%!" Haben Sie es gemerkt? Der tatsächlich gemessene Ausgangswert für die Verdoppelung der Raumfeuchte kommt in dieser
Aussage gar nicht vor!

Anderseits wäre auch folgende beruhigende Formulierung richtig: „Bei einer Verdoppelung der Raumluftfeuchte um 100%
erhöht sich die Schimmelrate von 3% auf
6%." In die beruhigende Richtung verstär-
kend wirkt dann folgende Aussage: **„Sogar**
bei einer Verdoppelung der Raumluftfeuchte
um 100% erhöht sich die Schimmelrate **nur**
von 3% auf 6%. Auch hier bleibt der Ausgangswert für die Verdoppelung der Raumfeuchte unerwähnt.

Kritisch wird das Ganze, wenn über me-
dizinwissenschaftliche Erkenntnisse berichtet
wird, ohne dass man die absoluten Werte
angibt. Panik erzeugt etwa die Formulierung,
dass die Sterblichkeitsrate z.B. um 10%
steigt, wenn diese oder jene Grenzwerte
nicht eingehalten werden. Ja, welche Sterblichkeitsrate ist denn nun damit gemeint?
Vielleicht jene der Menschen im Alter über
60?

Außerdem wird im medizinischen Bereich meistens die prozentuelle Erhöhung der
Risikorate (!) kommuniziert. Folgendes

kleines Beispiel verdeutlicht das: Bei einem bestimmten Krankheitssymptom beträgt die Gefahr eines ernsten gesundheitlichen Risikos bei Einnahme des dafür geeigneten Medikaments 1%. Wird das Medikament nicht eingenommen, dann ergibt sich eine Risikorate von 2%.

Wird das genauso kommuniziert, dann werden viele sagen: „Ne, diese Pille nehme ich nicht". Sagt man den Betroffenen aber, dass sich die Risikorate um 100% erhöht (das stimmt, das ist keinesfalls gelogen!), dann wird diese Pille auf alle Fälle eingeworfen. So viel zur verkaufsfördernden Wirkung von unnötig angstmachenden Informationen, die aus seriös ermittelten Daten abgeleitet worden sind.

Folgende besonders umwerfende Geschichte möchte ich Ihnen an dieser Stelle keinesfalls vorenthalten. Es ging darum wissenschaftlich nachzuweisen, dass das Tragen blauer Socken das Risiko reduziert, an Prostatakrebs zu erkranken. Ja, Sie haben richtig gelesen!

Im Buch von Michael von Dexheim: „Symbiose der Macht - Ein medizinischer Insider packt aus" (Sensei-Verlag) - übrigens auch zitiert im Internet (Suchbegriff: "Krebs und blaue Socken") - wird vom Ergebnis einer Studie berichtet, gemäß derer die

Wahrscheinlichkeit an Prostatakrebs zu sterben geringer ist, wenn man blaue Socken trägt.

Auch solch absurde Zusammenhänge sind also statistisch jederzeit darstellbar, wenn man nur die "richtigen" Daten" "richtig" zu Informationen zusammenfügt und eventuell einen Wissenschaftler dazu bewegen kann, seinen Namen für so etwas herzugeben. Die Bezeichnung „Mietmaul" für solche „Experten" trifft den Nagel auf den Kopf.

Auf politischer Ebene verdient die Zeit vor Wahlen besondere Beachtung. Hier wird gefaked, was das Zeug hält. Es regnet Versprechungen, Ankündigungen, Anschuldigungen zuhauf, soweit das Medienauge reicht.

Donald Trump hat die Fake News jedenfalls nicht erfunden. Er hat sie hingegen für sich und seine Zwecke in spezieller Form sozusagen gepachtet. Vielleicht hat er sie in seiner Form sogar kultiviert.

Im Vordergrund steht bei ihm das Beeinflussen von Wählerverhalten zu seinen Gunsten und das Herausstellen seiner Person als der Retter der USA, auf den angeblich alle schon sehnsüchtig gewartet haben. Wie sind doch die USA in der Zeit vor ihm seiner Meinung nach schnöde und abwertend behandelt worden, denn in unzähligen internationalen Abkommen wurden die USA sogar sträflich benachteiligt. Endlich ist er da als jemand, der damit rigoros aufräumt (wie er immer wieder erzählt)! Gezielte Imagepolitik eben.

Fake-Schweigen

Nicht nur publizierte News können Fakes sein. Auch Nichtpubliziertes kann Eigenschaften von Fakes aufweisen.

So wurden etwa in der DDR Berichte über Fleischkonsum oder Rezepte für Fleischspeisen bei Fleischmangel aus den Medien verbannt. Man berichtete dann eher über das gesunde Gemüse (wenn es denn auch am Markt angeboten wurde).

Sie werden wahrscheinlich nun einwenden: „Jaja, damals in der DDR ...!" Aber das bewusste Unterdrücken von an sich wichtigen Informationen geschieht auch heute immer wieder. Politisches Kalkül und / oder andere Sachzwänge oder vielfach auch Profitdenken können dafür maßgeblich sein.

Nicht einmal Sie selbst sind davon verschont. Halten Sie einmal eine Laudatio auf einen Ihrer Lehrer oder Schulkollegen zum Beispiel anlässlich eines Schuljubiläums. Wollen Sie da wirklich alles sagen, was für Sie wichtig und richtig ist? Vielleicht werden Sie sich die eine oder andere kritische Anmerkung um des Festes Frieden willen verkneifen bzw. zumindest so anbringen, dass sie dem Betreffenden keinen seelischen

Schmerz bereitet oder das Fest empfindlich stört. Ihre „guten Manieren" bremsen Sie vor dem Aussprechen Ihrer - subjektiven – Wahrheit.

Fokussieren auf Negatives

Was doch täglich so alles auf der Welt passiert! Mord und Totschlag, Einbruch, Überfall hier, Flugzeugabsturz da, Feuersbrunst, Großlawine, schwerer Sturz beim Skirennen. Ja, das fasziniert, das fesselt Aufmerksamkeit! Und es geht abends im „Unterhaltungsprogramm" (!) des Fernsehens mit Krimis zuhauf hurtig weiter.

Leider steht dahinter monetäres Interesse. Denn fokussierte Aufmerksamkeit bedeutet auch die Chance, von dieser gebündelten Aufmerksamkeitsmenge einen Zipfel für Werbebotschaften zahlungswilliger Werbekunden abzustauben. Umschrieben wird das gerne mit „Abholen der Menschen" – von dort nämlich, wo man sie vorher mit viel zweifelhaftem Aufwand hingeführt hat.

Die Quote ist das Ziel aller Wünsche. Was keine oder zu wenig Quote bringt, wird sehr schnell „abgedreht". Daher wird das in den Medien gebracht, was die breite Masse fasziniert. Schon die Römer wussten um die Zauberkraft von „Panem et Circenses" (Brot und Zirkusspiele).

Und weil nun viele Menschen glauben, das sei das „wirkliche" Leben, weil es doch überall präsent ist und „sogar" im Fernsehen ausgestrahlt wird, leben sie diesen Stil auch im eigenen Bereich. Verknüpft mit Wut und Frust publizieren sie dann - anonym natürlich – die absurdesten Texte auf allen möglichen Social-Media-Plattformen.

Zeitdiebstahl

Zum Stehlen gehören immer zwei. Da ist einerseits der frech twitternde Zeiträuber und da ist andererseits der - um beim Informationsthema zu bleiben – unbedarft naive und fernsteuerbare Leser, der vorerst alle ihm zugehenden vermeintlich wichtigen Nachrichten liest und damit seine wertvolle Zeit vergeudet.

Zur Ehrenrettung aller betone ich aber, dass wirklich nicht alle Twitterer Zeit stehlen und dass sich beileibe nicht alle Twitterleser unbedarft und naiv verhalten. Aber der gezielte Missbrauch dieses Mediums ergibt vereint mit dem einfachen Zugang zum Leser ejene brisante Mischung, die ich hier meine.

Ob sich jemand mit sensationell aufbereiteten Nebensächlichkeiten Zeit stehlen lässt, hängt auch von seinem Bildungsstatus ab. Wenn Politiker über Bildung reden, dann meinen sie leider in aller Regel „Ausbildung". Sie vergessen dabei, dass Ausbildung auf

Bildung aufsetzen muss, damit die vermittelten Ausbildungsinhalte als sinnvoll und wichtig wahrgenommen werden und vom Bildungsempfänger entsprechend eingeordnet und gemerkt werden können.

Jeder individuelle Bildungsprozess beginnt bei der Geburt eines Kindes und endet erst mit dem Tod. Das, was wir landläufig als „Erziehung" bezeichnen, dient als Grundlage dessen, wie sich der betreffende Mensch später in der Gestaltung seines eigenen Lebens verhalten wird:

- Wird er selbstbewusst, kritikfähig, empathisch sein?

- Wird er bei Gelegenheit „Nein" sagen können und das auch wollen?

- Wird er immer irgendwelche Gruppierungen zum Anschluss brauchen, um sich stark zu fühlen?

- Wird er Designerklamotten bereits im Schulalter benötigen, um „dabei" zu sein?

- Wird ihm im Elternhaus ein stabiler Wertekanon präsentiert und immer wieder vorgelebt?

- Welche Menschen sind seine wichtigen, ersten Bezugspersonen, an deren Verhaltensmustern er sich orientiert?

- Was passiert im Kindergarten, in der Schule?

- Wird er immer Verbote brauchen um etwas zu unterlassen oder wird er von sich aus merken, dass „… sich etwas nicht gehört", auch wenn es nicht explizit verboten ist?

- Wird er auf Informationen warten oder wird er sie sich bei Bedarf selbst beschaffen und kritisch damit umgehen?

Erziehung geschieht jedenfalls durch Nachahmen von Handlungen relevanter Bezugspersonen. Erziehung mit Befehlen, Richtlinien, Gesetzen und Verboten wird niemals funktionieren. Kinder erziehen sich gewissermaßen selbst.

Wir befinden uns beim Abklären dieser Fragen ganz weit vor dem Stadium der Ausbildung, also der lehrplanbezogenen Wissensvermittlung. Und hier entscheidet sich auch, worauf der junge Mann, die junge Frau später „abfahren" wird, welche Auswirkung z.B. via Twitter versprühtes Gelaber auf das eigene Verhalten haben wird. Hier werden letzten Endes die Grundlagen dafür gelegt, dass kritische individuelle Reflexion überhaupt stattfinden kann.

Die zweifelhaften Twittererfolge von Donald Trump sind somit die Folgen einer in vielen Familien nicht mehr stattfindenden

soliden Grundbildung und liebevollen Zuwen-
dung zu den heranwachsenden Kindern.
Stattdessen steht der spätere kommerzielle
Erfolg der Kinder im Vordergrund, sollen es
die Kinder doch einmal besser haben!

Flächendeckend fehlende Grundwert-
haltungen ebnen somit Trumps Weg, weil
eine „kritikferne Nachlaufgesellschaft" am
Werken ist. Nur so kann er „gedeihen". Und -
leider verbirgt sich dahinter nichts weniger
als ein veritables Generationenproblem.

Aber Trump wird in ein paar Jahren Geschichte sein, daher haben langfristige Überlegungen in seinen Aktionen keinen Platz.
Schade, wirklich sehr schade!

Kaufmotive

Oh, was haben denn nun Kaufmotive in diesem Zusammenhang hier verloren? Ganz einfach! „Kaufen" bedeutet viel mehr als entscheiden und Geld ausgeben.

Kaufen bedeutet auch „akzeptieren", „mitmachen". Wenn Sie Ihre Freunde z.B. „überreden" wollen, mit Ihnen gemeinsam dies oder das zu unternehmen, dann befinden Sie sich in einem veritablen Verkaufsgespräch. Sie sind darin der Verkäufer und Ihre Freunde sind die Käufer. Wenn Sie gut argumentiert haben, dann gehen alle mit, dann folgen Ihnen alle. Dann ist Ihnen gelungen, Ihren Freunden die gemeinsame Teilnahme an diesem Event zu „verkaufen".

Ihrer etwas zurückhaltenden Freundin Mathilde gegenüber haben Sie dabei vermutlich anders argumentiert als gegenüber dem risikofreudigen Albert, und der sparsame Bernhard musste wieder mit anderen Argumenten „gefüttert" werden. Aber nun gehen doch alle mit. War das eine Anstrengung!

Bei Ihren Argumentationen haben Sie die folgenden vier Kaufmotive angesprochen. Sehr wahrscheinlich geschah das unbewusst, weil Ihnen eben bekannt war, welche Argumentationslinie der betreffenden Person gefällt.

Trainierte VerkäuferInnen setzen hingegen das Ansprechen von Kaufmotiven bewusst ein, um InteressentInnen zum Käuferstatus zu führen.

Motiv 1: Prestige

Um sich als einer bestimmten Gruppierung zugehörig auszuweisen, spielt Geld keine Rolle. Dabei sein ist wichtig. Designermarken und Nobelrestaurants profitieren immens davon, dass sich heute viele Menschen einsam und ausgestoßen fühlen. Bei einer Premiere eventuell sogar mit „meet and greet" dabei zu sein und dabei auch noch dem Hauptdarsteller mit Selfiedoku die Hand reichen zu dürfen, hat schon was! Wie anders wäre es möglich, dass billig in Fernost produziertes Textil allein durch das Aufnähen eines „In"-Etiketts eine unfassbare Wertsteigerung erfährt!

Baugleiche PKW und SUV unterschiedlicher Marken, auf demselben Fließband gefertigt, unterscheiden sich meistens nur durch ein anderes Markenemblem - oder vielleicht doch auch durch marginale Ausstattungsunterschiede. Durch das Anreichern bestimmter Marken mit unterschiedlichen, emotional wirkenden Wahrnehmungsinhalten entsteht beim entsprechend aufgestellten Interessenten bzw. Käufer eine entsprechende Neigung gerade zu dieser Marke. Daher akzeptiert er zumeist recht ordentliche Preisunterschiede.

Die Hersteller freut das sehr, dass der Markt solche Manipulationen gerne annimmt!

Ich war einmal mit einem Kollegen in dessen Luxuslimousine unterwegs zu seiner Werkstatt, weil der Motor des Scheibenwischers nicht richtig funktionierte. Die Aussage des livrierten Kundendiensttechnikers geriet zu einem echten Schlag für meinen prestigeorientierten Kollegen: „Naja, kein Wunder, die bauen ja auch den ………… von …….. ein." Peng, das hatte gesessen.

Auf die politische Ebene umgesetzt unterstreichen Aktionen in diese Richtung, dass die Meinung der Adressaten sich genau mit der Meinung und der Haltung des aussendenden Politikers deckt. Eine große Gefahr besteht darin, dass Politiker ihren Zielgruppen „nach dem Mund reden".

Motiv 2: Angst

Hauptsache, das Produkt hat sich in der Praxis bestens bewährt bzw. der ins Auge gefasste Dienstleister wurde in diversen Internetforen und vor allem auch von eigenen engen Freunden und Bekannten als zuverlässig, redlich und der Aufgabe jedenfalls gewachsen beschrieben. Alles andere erscheint zweitrangig.

Hier punkten traditionelle, vertrauenswürdige Marken und konservative Events, da ist nichts schrill und neuartig, da wird die

Tradition hochgehalten. Lob und Likes - egal ob gefaked oder nicht – machen sicher und führen zur individuell besten Lösung.

Angstmotivierter Kauf betrifft vor allem auch alles, was dem medizinischen Bereich zuzuordnen ist. Verkorkste Knie- und Hüftoperationen, misslungene Nasen-OP, … die Liste mit Ereignissen und Ergebnissen ist lang, vor denen man sich in der Tat fürchten sollte.

Aber auch Hinweise auf gefühlte Großgefahren (Kriege, Massenarbeitslosigkeit, herumfliegende Keime, Klimaerwärmung, …) öffnen die Bereitschaft zur Aufmerksamkeit und zum adäquaten Handeln.

Politisch relevant sind hier mediale Angriffe auf allgemein ungeliebte Randgruppen.

Motiv 3: Bequemlichkeit

„Alles aus einer Hand", das ist es, was BequemlichkeitskäuferInnen suchen. Selbst außer geringem Kapitaleinsatz möglichst nichts oder wenig dazu aktiv beizutragen und dennoch alles für sich in Anspruch nehmen zu können, steht im Zentrum der Überlegungen.

Dazu ist mir ein realer Fall bestens in Erinnerung:

Es ging um das Thema „Erneuerung des Badezimmers". Das Projekt war fertig ausverhandelt und der Hausherr übergab am Tag des Umbaubeginns wie vereinbart den Wohnungsschlüssel an den ausführenden Installateur, der zusätzlich zu seinen Arbeiten sozusagen die Aufgabe der Baustellenleitung übernommen hatte. Der Hausherr begab sich anschließend für zwei Wochen mit seiner Familie in den Skiurlaub.

Obwohl der Installateur nach seiner Meinung wirklich penibel darauf geachtet hatte, dass alle Arbeiten auch tatsächlich erstklassig ausgeführt worden waren und dass er und seine Leute Badezimmer und Wohnung nach allen Funktionstests in fast klinischer Sauberkeit hinterlassen hatten, erreichte ihn am Tag nach der Rückkehr des Hausherrn dessen erboster Anruf: „Schweinerei, nichts hat funktioniert!"

Was war geschehen? Die Hausfrau wollte die Wachmaschine einschalten, aber der Installateur hatte den Haupthahn zum Kaltwasserzulauf aus Sicherheitsgründen abgedreht! Ohne Kaltwasserzulauf gibt es nun mal kein Wäschewaschen in der Waschmaschine!

Politiker können an dieser Stelle signalisieren: „Leute, ihr braucht Euch weder anzustrengen noch zu verändern, ihr braucht auch nichts dazuzulernen. Der gegebene Status wird beibehalten, Störfaktoren von außen werden abgeschottet. Wir erledigen das für Euch, wir vertreten Eure Interessen."

Motiv 4: Gewinn

Ausschlaggebend ist hier der in Relation zum Kaufpreis vom Käufer (vor)gefühlte überbordend hohe Nutzen. Das - womöglich unter größerem Zeitaufwand und engagiertem Körpereinsatz - ergatterte Sonderangebot steht im Vordergrund. Tanken dort, wo der Sprit um 0,1 Cent billiger ist, auch wenn man sich dafür eine halbe Stunde lang an der Zapfsäule anstellen musste, gehören zu den Kernerfahrungen der Gewinn-KäuferInnen.

Stolz wird erzählt. „Ich habe schon wieder so günstig wie noch nie getankt, ich bin fast gratis in den Zuschauerbereich für ein wichtiges Fußballmatch gelangt, meinen übercoolen, topmodischen, edelwarmen und federleichten Daunenanorak habe ich um einen Bettel gekauft!"

Flug- oder Bahntickets sind ebenfalls ein lohnendes Thema in diesem Zusammenhang. Wenn das eigene Ticket 199,-- und das des Sitznachbarn 578,-- gekostet hat – wui und yeahh, das hat schon was, wenn man das irgendwie in Erfahrung gebracht hat. Man erreicht dann sein Reiseziel jedenfalls mit stolz geschwellter Brust in der

Überzeugung, alle anderen seien - höflich formuliert – zu doof und vom anderen Stern.

Zum Thema „Gewinn" passend werden auf politischer Ebene gerne Themen wie „Steuerreform" politisch eingesetzt. Dass zum Finanzieren solcher Steuerreformen unter anderem Gebührenerhöhungen, das Streichen von Steuerausnahmen sowie das Beibehalten kalter Steuerprogression nötig ist, verschweigt man zunächst. Dass angekündigte Vereinfachungen des Steuersystems fast immer zum Streichen von Steuerbegünstigungen führen, stellt sich dann ebenso hinterher heraus.

Staatsoberhaupt

Ihr Staatsoberhaupt repräsentiert auch Sie. Denn Sie selbst bzw. alle EinwohnerInnen innerhalb vorgegebener Staatsgrenzen sind der Staat und eben nicht allein die Landfläche innerhalb der Staatsgrenzen! Ein Staatsoberhaupt ist also viel mehr als der Landschaftsgärtner einer bestimmten Region auf der Welt.

Was erwarten Sie sich von Ihrem Staatsoberhaupt? Wie soll das Staatsoberhaupt Sie als Staatsbürgerin bzw. Staatsbürger repräsentieren? Wie soll ein Staatsoberhaupt agieren und sich selbst präsentieren, damit es weitgehend und auch von Ihnen selbst ernst genommen wird und sein Wort Gewicht hat?

Bei Gott, es soll und darf kein „everybody's darling" sein. Im zwischenmenschlichen Kontakt verbindlich und in der Sache konsequent - das zählt. Wertschätzend bei aller Gegensätzlichkeit, sich auch in und nach heißer Diskussion gerade und ehrlich in die Augen sehen können, verlässlich in den Aussagen und in der Umsetzung von Ankündigungen, agieren mit Handschlagqualität. Entschieden auftreten, aber dem Gegenüber dennoch kein Haar krümmen, das sollte Ausdruck von Wertschätzung im Umgang mit anderen Menschen sein.

Würdevolles Auftreten nach außen gehört natürlich ebenso dazu. Wie ein Staatsoberhaupt eine Ehrenkompanie abschreitet, wie er die Hand zum militärischen Gruß an die Schläfe führt, wie er mit seinen Zuhörern bei einer Rede Blickkontakt hält: All das und viele Details mehr vermitteln einen emotionalen Eindruck über die Persönlichkeit, die dahintersteht.

Auch persönlicher Stil und gepflegtes Benehmen erlauben tiefe Blicke hinter die Kulissen eines jeden Menschen. Wenn jemand sich z.B. im unmittelbaren Kontakt mit dem Pabst zuerst hinsetzt ohne zu warten, bis der Pabst Platz genommen hat, dann kann man das kaum als Versehen entschuldigen.

Ein wichtiges Thema ist auch der Grad der Allgemeinbildung eines Staatsoberhaupts. Man kann nun kaum erwarten, dass sich ein Staatsoberhaupt z.B. geografisch auf der ganzen Erde auskennt. Australien und Austria sollten aber sicher auseinandergehalten werden können. Und es ist auch ein Zeichen fundierter Allgemeinbildung, den Mund bei Faktenunsicherheit zu halten, anstatt einfach irgendetwas daherzureden.

Für das Lösen aller auftretenden Probleme soll ein Beraterstab aus integren Damen und Herren zur Verfügung stehen, der das Staatsoberhaupt weder in brütend heiße Wüstenebenen oder in gefährliche Meerestiefen hineinhetzt und der den Präsidenten außerdem verlässlich und rechtzeitig vor schrillen Einsagern warnt.

Schon die Auswahl dieser engsten Mitarbeiterinnen und Mitarbeiter hat daher entscheidenden Einfluss auf die Wirkung der Präsidentschaft nach außen. Sind da wirkliche Experten dabei? Können diese wichtigen Leute in jeder Phase angstfrei mit dem Präsidenten Klartext reden? Können sie sich ihren wichtigen Themen widmen oder werden sie mit dringenden Aktionen zugeschüttet, um den Präsidenten z.B. aus einer selbst verschuldeten unbequemen Lage mediengerecht zu befreien oder die vielen negative Meldungen über ihn von ihm fernzuhalten?

Menschen, die wie z.B. auch Staatsoberhäupter permanent im Rampenlicht stehen, wirken als Vorbilder. Dies gilt sowohl in die Richtung: „Ja, ich möchte so sein wie er (sie)." als auch in die Richtung: „Nein, so will ich niemals sein und agieren!"

Die Wirkung eines Menschen nach außen entfaltet sich sehr stark aus seinen Werthaltungen heraus, dem zentralen Aspekt des Begriffes „Bildung". Die Außenwirkung hängt aber auch vom Hintergrund jener Menschen ab, denen er sich stellt, die ihn wahrnehmen.

Jemand im Businessanzug mit passendem Schlips und Stecktuch wird von einer Jugendgruppe mit schrillen Baseballkappen und dazu passendem Qutfit anders gesehen als von braven Buben und sauberen Mädels. Und dementsprechend anders zeigt sich auch die Bereitschaft, die vom Gegenüber verbreiteten Informationen aufzunehmen. Leute, die in ihrem Auftritt (optisch und agierend) der sie umgebenden Zielgruppe entsprechen, werde einfach „mit offenen Armen" im wahrsten Sinn des Wortes aufgenommen werden.

Wie sieht nun die Vorbildwirkung eines Präsidenten vom Schlage Trumps aus? Was denken sich Leute, wenn sogar der … oder nicht einmal der …? In welche Richtung werden sich vielleicht große Teile der Bevölkerung in ihren Werthaltungen (weiter) entwickeln? Welche emotionalen Lenkungskräfte für das ganze Land gehen davon aus? Wie wirkt so ein Präsident eventuell auch über die Landesgrenzen hinaus?

Entscheiden Sie selbst für sich, ob die von den Pressuregroups als für Sie wählbar (= durch Sie zu wählende) angepriesenen Kanditen genau jene sind, hinter denen Sie sich wohlfühlen, die Sie repräsentieren sollen, hinter denen Sie sich versammeln wollen. Sind das genau jene, die Ihnen mit der richtigen Mischung aus „Sicherheit geben und Mut machen" an die Hand gehen, die Sie in Ihrer Weiterentwicklung fordern und fördern werden?

Visionen

Visionen sind möglichst eindeutige und konkrete Bilder der Zukunft. Visionen sind also Zustände, die man beschreiben kann. Visionen ziehen nach vorne. Wo sehen wir uns, wie sehen wir uns in zwanzig Jahren? Eine Vision blinkt als heller Leuchtpunkt in der Ferne, sozusagen ein das Ziel anzeigender und die Richtung weisender Leuchtturm. Dort wollen wir hin, jawohl. Und dafür wollen wir auch alle unsere Kräfte einsetzen.

Jedoch führen viele Wege dorthin. Die möglichen Wege müssen zunächst einmal erkannt, sodann die „richtigen" sorgfältig ausgewählt und anschließend konsequent gegangen werden. Also die Ärmel hoch und los geht's!

"We choose to go to the moon!" Mit diesem legendären Satz hat John F. Kennedy am 12. September 1962 der gesamten Nation ein visionäres Bild vorgestellt und damit die gesamte Nation hinter sich vereint.

„To go to the moon", ja, diese Vision hatte Grip. Denn jeder konnte sich vorstellen, wie das sein würde, wenn ein Amerikaner das erste Mal seinen Fuß auf den Mond setzt. Und als dann am 21. Juli 1969 Neil Armstrong tatsächlich aus der Mondfähre ausstieg und als erster Mensch den Mond betrat, da war für alle sichtbar: Vision umgesetzt, „wir" haben es geschafft!

„America first": Wo ist da der Zug nach vorne? Was bedeutet „America first"? Wann ist „America first"? Wie kann man den Zustand „America first" allgemein objektiv erkennen?

Könnte man „America first" nicht auch als gefährliche Drohung verstehen? Liegt „America first" nicht verdächtig nahe bei „America only"? Oder könnte es auch heißen „alle anderen gemeinsam hinter America her", nicht als schnaufende Nachhinkende, sondern als gefährliche Jäger?

Zwischenstopp

Soweit aus meiner Sicht die wichtigsten Eckpunkte und Umgebungsvariablen in Trumps Handlungsbereich, sofern es die Menschen als unmittelbar Beteiligte auf der emotionalen Ebene betrifft. Mit Sicherheit lassen sich noch weitere Ansatzpunkte finden.

Insgesamt wird sichtbar, in welchem soziopsychologischen Umfeld sich Trump bewegt, offenbar ohne dieses wahrzunehmen, geschweige denn, solche Umgebungsbedingungen in irgendeiner Form in seinen diversen Deals und Dekreten zu berücksichtigen. Das Reiten auf diesem fliegenden Teppich reicht nach seiner Meinung offenbar aus.

Aber auch Trump selbst und Trumps Agitationen unterliegen diesen Gesetzmäßigkeiten. Er lebt eben - wie auch jeder andere Mensch - in seiner eigenen Welt, umgeben von seiner eigenen subjektiven Wirklichkeit. Seine eigenen Bewertungen tragen und befeuern seine hektisch anmutenden Aktivitäten. Hurtig bedient er von ihm als trendig erkannte Schubladen.

Sichtbare Leitlinien

Staatsführung hat sehr viel mit dem Steuern eines schweren Tankers gemein. Jedes Drehen am Steuerrad führt wohl zu einer Kursänderung, aber es dauert halt ein wenig, bis eine Kurskorrektur wegen der Masseträgheit tatsächlich Wirkung zeigt. Ungeduldige Leute wie Trump neigen daher dazu, am Steuerrad herumzureißen.

Aber jedes überschießende Drehen am Steuerrad führt mittelfristig auch zu einer überschießenden Kursänderung. Dieser Effekt kann nur durch entschlossenes (oder ist es eher verzweifeltes?), aber auch hier wieder überschießendes Gegensteuern aufgefangen werden.

Leitlinien in der Trumpschen Amtsführung zu orten fällt mir jedenfalls schwer. Außer man würde eine Leitlinie im Bestreben erkennen, möglichst viele und möglichst große und bedeutende Staaten bzw. Staatsoberhäupter einschließlich des Pabstes zu brüskieren und damit weltweites Aufsehen zu erregen. Wäre das so, dann besteht die Gefahr, dass aus Leitlinien (sofern vorhanden) langfristig Leidlinien werden.

Dekrete

Die Trumpschen Dekrete stehen stellvertretend für das hektischen Drehen am

Steuerrad, meistens gegen die warnenden Signale der Mannschaft.

Bemerkenswert auch, in welchem Szenario Trump seine Dekrete signiert. Jedes Mal steht eine dichte, beifällig dreinschauende Korona hinter seinem Schreibtisch, während er seine dicke, in Schwarz gehaltene und breit angeleggte Unterschrift unter etwas malt, was ein Dekret sein soll.

Zweifelt er etwa daran, dass alle Menschen glauben, seine Unterschrift sei echt? Will er mit den hinter ihm stehenden Menschen andeuten, wie groß der Rückhalt für ein bestimmtes Dekret ist?

Wenn ich mich recht erinnere, dann gab es auch in der ehemaligen DDR ähnlich aufgesetzte Szenarien mit bestellten Menschenmassen, die die diversen Politiker fahnenschwingend mit enthusiastischem Applaus zu begrüßen hatten.

„America first"

Wenn Unternehmen größer und besser oder sogar „first" werden wollen, dann haben sie in aller Regel folgende Optionen des Vorgehens:

- Andere Unternehmen aufkaufen

- Andere Unternehmen wirtschaftlich durch Preiskämpfe in den Ruin treiben

- Innovationsprojekte starten und damit Konkurrenten blass aussehen lassen.

Unternehmen können also wählen, ob sie Geld in die rasche Verbesserung ihrer Lage durch Vernichten bedrängender und daher unliebsamer Konkurrenten stecken oder ihre Wertschöpfungskette ausbauen oder doch lieber in die viel langsamere, hingegen stetigere Innovationsschiene investieren wollen.

Einen Staat sozusagen käuflich zu erwerben oder zumindest seinen politischen Einfluss darauf zu steigern oder ihn gar zu vernichten wäre nur - brachial - durch Krieg oder - eleganter - im Umweg über staatliche Beteiligungen bzw. Zukäufe auf Unternehmensebene machbar.

Gottseidank sind auch sehr große Unternehmen in aller Regel viel zu klein, um sich mit dem bloßen Besitz eines großen Unternehmens ein ganzes Land auf politischer

Ebene einzuverleiben. Anderseits haben aber staatliche Beteiligungen an Unternehmen in Schlüsselbranchen mit Schlüssel-Knowhow sehr wohl Phantasie. Geht es doch hier um Auf- bzw. Ausbau von Einfluss auf strategisch wichtige Industriezweige.

„Normale" Aktionäre haben in aller Regel kein wirkliches Interesse daran, dass sich „ihr" Unternehmen den defizitträchtigen Brocken „ganzes Land" oder „ganzer Staat" quasi umhängt. Denn Aktionäre wollen statt Staatsdefizit lieber eigenen Gewinn in Form von Dividenden und / oder Kursgewinnen sehen.

Für einen Staat bzw. für eine Volkswirtschaft gibt es jedenfalls zwei Optionen:

- Verbessern der Konkurrenzfähigkeit der Unternehmen durch geeignete Fördermaßnahmen,

- Abblocken der Konkurrenz durch Schutzzölle.

Fordern und fördern ist für die Unternehmen gewiss anstrengender. Aber durch Abschottung bleiben die Unternehmen im Inland sehr wahrscheinlich auf ihrem bisherigen Qualitäts- bzw. Innovationsniveau stehen.

Unternehmen werden unter anderem konkurrenzfähiger, wenn sie innovativ unterwegs sind, wenn sie neue Trends und neue Bedürfnisse zielsicher erkennen. Wenn sie dann noch beharrlich an Lösungen arbeiten, die sich aus der Sicht ihrer Kunden alternativlos darstellen, dann werden sie sich auch international am Weltmarkt behaupten können. Aus volkswirtschaftlicher Sicht bedeutet dies langfristig das Abbauen tief schmerzender Handelsbilanzdefizite.

„Kooperieren statt abschotten" - das ist mit Sicherheit eine sinnvolle Alternative zu dem, was Trump in den USA aktuell inszeniert. Kooperation zum Wohle aller (anstatt Kooperation zum Wohle einiger weniger) wäre darüber hinaus anzustreben. Aber das Wohl aller scheint leider nicht das Thema jener Klientel zu sein, die Trump offenbar bedienen muss, will er nicht mehr oder minder brutal abserviert werden.

Die USA haben sich nun auf Trumps Initiative hingegen auf das Errichten von Mauern in allen möglichen Ausprägungen verlegt. Neben einer langen Mauer zwischen den USA und Mexiko zur Flüchtlingsabwehr kommt die Methode „Einfuhrzölle" zur Anwendung, um Handelsbilanzdefizite abzubauen.

Auf den ersten Blick erscheint das plausibel, denn so etwas ist leicht zu erklären, und jede(r) glaubt das auch zu versstehen. Aber gleichzeitig werden dadurch

Schutzwälle um schwächelnde Industriezweige herum errichtet. In Wahrheit soll damit Image- und Qualitätsschwäche bestimmter Produkte kaschiert werden.

Jedoch sind die Zusammenhänge doch
etwas komplexer und die meisten langfristigen Wirkungen dieser kurz gedacht einge-
schlagenen Pflöcke sind noch nicht in allen
Dimensionen vorstellbar.

Jedenfalls treiben Trumps politische Aktionen wahrlich unglaubliche und ungeahnte
Blüten. So lässt Trump aktuell (Februar
2019) prüfen, ob europäische Autos unter
besonderer Berücksichtigung deutscher Marken ein Sicherheitsrisiko für die USA darstellen! Als ob man mit amerikanischen Autos
nicht auch gegen die Einbahn, viel zu schnell
und alkoholisiert unterwegs sein könnte! Das
wirkliche Sicherheitsrisiko für die USA liegt
darin, dass es eben zu wenige USA-Automar-
ken gibt, die in Europa konkurrenzfähig verkauft werden können.

Die langfristigen Auswirkungen dieses
väterlichen Beschützens werden für Amerika
verheerend sein. Denn der Qualitätsabstand
zwischen den leistungsfähigeren Unternehmen z.B. Chinas oder der EU und den schwä-
cheren Unternehmen der USA wird sich
dadurch noch weiter vergrößern.

Für einen Staat wie die USA bliebe daher nur der langwierige und eher beschwer-

liche Weg des Besserwerdens aus eigener Kraft. Die Innovationsfähigkeit wäre zu steigern und damit die Fähigkeit, dem Markt bessere Produkte und Dienstleistungen zu erstaunlich akzeptablen Preisen anzubieten. Aber dafür müssten sich die Trump-Wähler aus Ihrer Komfortzone herausbewegen, was sie nicht müssen, weil Father Trump sie vor der bösen Konkurrenz schützt.

Damit sind wir beim Kaufmotiv „Bequemlichkeit" angelangt. Bequemlichkeit als treibende Kraft zu überwinden stellt sich sehr häufig als ein veritabler Kraftakt dar. Es stellt sich in diesem Zusammenhang dann auch sofort die Frage, wie „man" die Bevölkerung „motivieren" kann, die Schlagzahl zu erhöhen, wenn nicht sogar zu verdoppeln.

Motivation gelingt immer nur dann, wenn sie direkt aus den Menschen herauskommt und eben nicht aufgesetzt wird. Die immer wieder geäußerte Aufforderung: „Nun motivieren Sie mir mal meine Leute so richtig!" geht daher ziemlich zuverlässig ins Leere.

Motivation gelingt auch ganz gut durch Aufbau von Leidensdruck. Je größer der Leidensdruck, desto eher sind die Menschen bereit zum Aufstehen und Handeln.

Die Art, wie der Präsident eines Landes gewählt wird und wie dessen Befugnisse im Rahmen der Landesführung ausgestaltet sind, sind ausschlaggebend dafür, in welchem Ausmaß er Leidens- und Leistungsdruck im Sinne von Fordern und Fördern auf Unternehmen ausüben kann und wird. Wenn er seine zuverlässige Wiederwahl im Vordergrund sieht, dann wird er eher geneigt sein, Leckerlis zu verteilen.

Analogien zum Sport

Alle wissen: Sportlicher Wettkampf lebt von Herausforderung und Konkurrenz. Der Sieger steht im Vordergrund, schon der Zweite wird rasch vergessen.

Beim nächsten Wettkampf wollen alle besser sein als der Zweite. Es geht dabei aber nicht darum, der absolut Beste zu sein. Denn es wird die oder der gewinnen, der den Zweiten im Hundertmeterlauf um eine hundertstel Sekunde auf Platz zwei verweist. Der Sieger kann sich also das aufreibende Training für den ehrgeizigen absoluten Zweisekundenvorsprung sparen. Er gewinnt, wenn er der relativ Beste ist.

Wenn nun die Verantwortlichen haben wollen, dass der bisher Zweite oder Dritte beim nächsten Mal gewinnt, dann haben sie im Grunde zwischen den folgenden beiden Alternativen zu entscheiden:

- Entweder: Sie bestärken die Unterlegenen in ihrem Wunsch zu gewinnen (emotionale Ebene). Sie leiten die

Unterlegenen zu besonders intensivem Training an (operative Ebene) und sie stellen ihnen alle erdenklichen Trainingsmöglichkeiten zur Verfügung. Vielleicht denkt man auch an ein neues Trainerteam und an mentale Coaches mit allen Schikanen.

- Oder: Sie unternehmen alles, dass die bisher besseren Wettbewerbsteilnehmer beim nächsten Wettbewerb nicht teilnehmen.

Welche der beiden Varianten erscheint nun zweckmäßiger, welches Vorgehen ist aus langfristiger Perspektive anzustreben?

Jede Ausgrenzung besserer Wettbewerbsteilnehmer führt in der eigenen Mannschaft zwangsweise zum Stillstand und zu wohliger Zufriedenheit. Denn wozu sollte man sich vermehrt anstrengen? Man gewinnt doch ohnehin, weil die Besseren ausgeschaltet worden sind.

Erfolglos, weil (zu) beschützt

Der erstaunliche Zusammenhang zwischen Sport, Kaufmotiven und so manchen unverständlichen Trump-Aktionen wird sofort sichtbar, wenn man sich folgendes vergegenwärtigt:

Die amerikanische Volkswirtschafft leidet unter anderem unter den

Handelsbilanzdefiziten mit der EU und besonders mit Deutschland. Trump hätte nun verkünden können: „Intensiveres Training, mehr Bildung, bessere Ausbildung, denn wir müssen insgesamt besser werden!" Jeder normale Fußballtrainer hätte so reagiert.

Nicht jedoch Trump! Er hat hingegen wortgewaltig und polternd sinngemäß gesagt bzw. getwittert: „Ich schütze Euch vor der bösen (besseren) Konkurrenz. Ich ziehe die Karte mit den Handelsschranken und beginne erst mal an den Zöllen zu drehen. Denn das bringt Jobs, Jobs, Jobs! Und außerdem sanieren wir damit unsere negative Handelsbilanz zum Beispiel mit der EU." Das Volk jubelt (zunächst).

Die fatale Folge: Es scheint, als ob niemand intensiver zu trainieren bräuchte, weil Father Trump ohnehin alles richtet. Und es ist auch kein Wunder, dass viele jubeln. Denn das Kaufmotiv „Bequemlichkeit" schlägt hier wie gesagt mit ganzer Kraft und mit der gesamten destruktiven Wucht zu und durch.

Bildung und Ausbildung

Erfolg beruht auf Bildung und Ausbildung. Ein Geiger jedoch, der ohne entsprechendes musikalisch-kulturelles Grundverständnis klassische Violine studieren möchte, wird sich überproportional anstrengen müssen, um ordentliche, wohlklingende und damit gerne gehörte Töne hervorzubringen.

Es ist ja auch bekannt, dass sich europäisch sozialisierte MusikerInnen schwertun, amerikanischen Swing wirklich stilgerecht zu spielen. Auf der anderen Seite haben z.B. außerhalb Österreichs sozialisierte MusikerInnen so ihre Probleme, sobald sich an einem Wiener Walzer versuchen. Ich will damit sagen: Ausbildung allein macht es nicht aus. Da musss auch die grundlegende Bildung eine solide Basis dafür bieten.

Es wäre nun falsch, Trump die alleinige Schuld an einer allfälligen Bildungs- und Ausbildungsmisere in den USA in die Schuhe zu schieben. Denn Ausbildung und vor allem Bildung spielen sich im Generationenzeitraster ab. Aber gerade das Ausbildungswesen in den USA musste leider (zu) viele Präsidenten über sich ergehen lassen, denen Öl und Panzer wichtiger waren als die eigene Bevölkerung.

Hinlänglich bekannt ist auch, dass Bildung beim Säugling beginnt. An Mutters Brust liegt die Wiege des lebenslangen Sozialisierungs- und Lernprozesses. Mit dem Schuleintritt startet dann der weiterführende Ausbildungsprozess, aber der verläuft ohne grundlegende Bildung häufig im Sand bzw. endet auf zu bescheidenem Niveau.

Fordern und fördern wäre also das richtigere Rezept gewesen, und zwar bereits in den letzten Jahrzehnten und bei den Familien ansetzend. Die USA haben aber lieber abenteuerlich hohe Dollarbeträge in die Rüstung und in das Führen von Kriegen investiert, anstatt das amerikanische Ausbildungswesen auf Vordermann zu bringen. Die Spitze mit ein paar Elite-Universitäten und Silicon Valley allein bewegt in der Breite gesehen viel zu wenig.

In der eigenen Suppe köchelt es sich eben am schönsten und vor allen Dingen am bequemsten. Schulterklopfen ist angesagt und kann ungestört stattfinden. Allerdings geht dabei der Blick über den Tellerrand verloren. Braucht man den überhaupt? Aber nein, wir sind ja unter uns.

Bumerangeffekte

Druck erzeugt Gegendruck. Ok, dann starten Eure Athleten, besonders Euer zweitbester oder Euer erstbester Läufer, auch nicht in unserem international breit aufgestellten Wettbewerb. Ohne Eure Athleten geht es nämlich auch, und unsere Athleten fordernde Sportler holen wir uns eben von anderswo her.

Die mit amerikanischen Schutzzöllen belegten Länder könnten nun analog dazu eben ihrerseits mit Zöllen auf Waren und

Dienstleistungen reagieren. Dadurch würden für amerikanische Unternehmen wichtige Exportmärkte wegbrechen oder Exporte zumindest erschwert werden. Aber genau diese Exporte würden die USA dringend benötigen, um ihren Handelsbilanzsaldo nicht nur passiv (durch Einschränken von Importen) sondern auch aktiv (durch Zuwächse bei Exporten) zu sanieren.

Die dermaßen nun gefährdeten Märkte hat aber nicht der Staat USA oder gar Trump himself aufgebaut. Nein, hier haben selbständige Unternehmer und Unternehmerinnen emsig geschuftet, die sich mit ihrem eigenen Einsatz und auf ihr eigenes Risiko in fremden Ländern eine Marktposition erobert haben.

In letzter Konsequenz bedeutet das, dass Trump mit seiner Schutzzollpolitik private exportorientierte Unternehmen sozusagen bestraft und in ihrer Existenz sogar auf zwei Ebenen gefährdet.

Denn einerseits vereltelt oder verteuert er durch Importzölle das Importieren wichtiger Zulieferprodukte, die Unternehmen in den USA zum Herstellen preiswerter und konkurrenzfähiger Produkte dringend benötigen. Andererseits können Importzölle der durch Trumps Zollpolitik „beleidigten" Länder Warenströme aus den USA empfindlich behindern.

Damit werden auch die davon betroffenen Unternehmer und Unternehmerinnen in erheblichem Ausmaß frustriert und vor den Kopf gestoßen.

Und das in den USA, dem Land der unbegrenzten Möglichkeiten! Man kann es allerdings auch anders sehen: Im Land der unbegrenzten Möglichkeiten ist offenbar alles möglich! Leider!

Zentrale Themen

Wie lief das: Trump for President?

Die Auszeichnung, für das Präsidentenamt nominiert und dann auch noch gewählt worden zu sein, verstärkt bestehende Verhaltensmuster. „Ich bin ja top, ich bin ja der Größte! Und außerdem wurde ich ja gerade deswegen nominiert und bin gewählt worden, weil ich so bin, wie ich bin." Also, Leinen los, auf geht's, was wollt Ihr überhaupt!

Niemand aus der Ebene der relevanten Pressuregroups kann nun ehrlich und schlüssig behaupten, Trump nicht in allen seinen Facetten gekannt zu haben. Denn ich bin sicher, dass jeder mögliche Kandidat und jede mögliche Kandidatin für ein Amt dieser Dimension nach oben und unten und nach links und rechts gedreht und gewendet wird, bevor überhaupt ein Platz auf der Shortlist erreicht werden kann. Denn gerade in den USA bedeutet Präsidentenwahlkampf auch den Einsatz von Unsummen an Geld. Ich denke, dass sich die Promotoren Trumps sehr genau überlegt haben, wen sie mit ihrem Geld pushen wollten.

Ich kann mir beim besten Willen auch nicht so recht vorstellen, dass Trump die einzige Alternative gewesen sein sollte, um von den Republikanern in den Wahlkampf geschickt zu werden! Oder hat man damit spekuliert, dass er es sowieso nicht wird, dass er gegen Hillary Clinton sowieso keine Chance haben würde? Oder wurde Clinton abgelehnt und die Wählerinnen und Wähler haben sich für das gefühlt kleinere Übel entschieden, so nach dem Muster: „Ales andere ist besser als Clinton?"

Wenn Pressuregroups Leute an vorderste Positionen setzen, dann statten sie diese mit umfangreichen und eng gestalteten Handlungsspielräumen aus. Das heißt aber auch andererseits, dass nur das „was" reglementiert vorliegt. Es obliegt demnach dem Präsidenten der USA, den Stil seiner Präsidentschaft selbst zu definieren und somit auch die Art und Weise der Führung seiner Administration.

Donald Trump himself

Auf der Basis eines schweren Auswahlverschuldens seitens der Gruppierungen, die Trump hochkommen haben lassen, wirkt und werkt Trump, wie er es gewohnt ist und wie er es für richtig hält.

Eine darauf passende Hauptfrage lautet: „Wie wirkt Trump als Mensch auf emotionaler Ebene?" Oder auch dazu passend: „Welche emotionalen Signale sendet Trump aus?" Ich kann ja nur berichten, wie er auf mich wirkt.

Wollen Sie einen Präsidenten, der und dessen Umfeld immer wieder in alle möglichen Affären verwickelt ist, der im Ausland schräg angesehen wird, dem man überall mit ernsten Vorbehalten und Misstrauen begegnet?

Wollen Sie einen Präsidenten, der wegen seiner verhaltensoriginellen Aktionen national und international immer wieder erstauntes Kopfschütteln erzeugt und der Fragen aufwirft, wie: „Oh, mit welcher Keule rennt er jetzt schon wieder durch die Gegend?"

Was sagen Sie zu einem Präsidenten, der regelmäßig Untersuchungen gegen ihn „abdreht", nur weil er sich vor dem Ergebnis fürchtet?

Wie finden Sie das, was sich seit Trump's Präsidentschaft im Weißen Haus abspielt? Der Blick gleitet vertwittert, irritiert und vielleicht auch verängstigt über das, was da auf der Führungsebene in den USA abläuft. Hü, hott, patsch, patsch, …. Kennt sich jemand wirklich noch aus? Wer oder was fliegt oder kommt als Nächstes? Wer wird als Nächste(r) aus dem Trump-Clan vor dem Richter stehen? Wer wird als Nächste(r) angepöbelt werden, um sich anschließend in einem Deal wiederzufinden?

Oder wünschen Sie sich einen Präsidenten, dem alle mit Respekt begegnen, der im In- und Ausland hohes Ansehen genießt, der überall willkommen ist, der das Land stetig und konsequent nach vorne führt, auf den Sie als Staatsbürger mit Recht stolz sein können?

Wer in den USA (und nicht nur dort) den Wählern als Präsidentschaftskandidat oder als Kandidat für eine maßgebliche politische Führungsfunktion präsentiert wird, wird im Vorfeld von den Pressuregroups entschieden. Sie bringen ihre Wunschkandidaten in Stellung. In den USA greifen da unter anderem die Rüstungsindustrie, die Ölindustrie, die Atomindustrie steuernd ein, denn der Kandidat oder die Kandidatin sollen ja später ihre Interessen möglichst gut vertreten, ohne dabei ihre Namen zu nennen und schon gar nicht ihre Namen zu beschmutzen.

Man erwartet einen Kandidaten oder eine Kandidatin, loyal genug, um die Machenschaften der Pressuregroups nicht zu stören, sondern im Gegenteil nach Kräften sogar zu fördern.

Gerne gesehen sind auch ein paar kleine Narben, in denen die Pressuregroups bei Bedarf herumbohren und -stochern können. Es reichen z.B. abgeschriebene bzw. nicht korrekt zitierte Passagen in Dissertationen, Alkoholexzesse, Sex-Geschichten, angedichtete Korruptionsaktivitäten, zweifelhafte Steuererklärungen, verdächtige unversteuerte Mittelzuflüsse oder anrüchige Methoden zur Geldbeschaffung. So etwas bleibt

natürlich unter Verschluss, so lange sich der
oder die Betreffende wie gewünscht verhält
und brav von sich gibt und umsetzt, was ver-
langt wird. Aber wehe, wenn nicht! Dann
wird so lange angeschwärzt und mit Un-
gnade überschüttet, bis er /sie von selbst
das Handtuch wirft.

Ähnliche kulturelle Architekturen und
Szenarien findet man übrigens auch in Kapi-
talgesellschaften. In der Pause eines Kon-
gresses kommen zwei Manager an der Kaf-
feebar ins Gespräch. Fragt der eine: "Sind
Sie auch Direktor?" Darauf der andere: „Um
Gottes Willen, nein, ich bin Vorsitzender des
Aufsichtsrates!"

Wenn schon Pressuregroups oder Auf-
sichtsräte Führungspositionen besetzen,
dann sollten sie sich ihrer Auswahlverant-
wortung bewusst sein. Es kann doch wohl
niemand behaupten, die Art und Weise des
Umgangs und des Stils eines Donald Trump
nicht gekannt zu haben, bevor man ihn in
den Wahlkampf geschickt hat!

Wahlk[r]ampf

Noch immer ist nicht geklärt, wer, wo
oder ob überhaupt aus Russland Einfluss auf
den amerikanischen Wahlkampf genommen
worden ist, der Trump in die Rolle des Präsidenten der USA manövriert hat. Es ist die
Frage zu stellen, ob daraus Abhängigkeiten

in langfristig unerwünschte Richtungen entstanden sind.

Aber sei's drum: Allein die Tatsache, dass es darüber massive Spekulationen gibt, dass das FBI in dieser Angelegenheit ermittelt oder gegen den Trumpschen Widerstand zu ermitteln versucht, reicht aus, um Trump und sein Umfeld in ein schräges, fahles Licht der Ungewissheit zu rücken.

Wo ist das klare, untadelige Profil des Präsidenten der USA hingekommen, wenn es im Blick auf Trump jemals vorhanden gewesen sein sollte? Oder hat es dieses untadeliges Profil eine USA-Präsidenten vielleicht gar nie gegeben?

Fakekultur und Presse

Es ist ja schon erstaunlich, wie gelassen selbst angesehene Zeitungen Trumps Vorwürfe hinnehmen, dass sie gefakte Berichte und News verbreiten. Eigentlich wäre zu erwarten, dass die Chefredaktionen und auch die Redakteure deswegen auf die Barrikaden gehen.

Was ist da los? Steckt hinter den Fakevorwürfen etwa doch ein Körnchen Wahrheit? Oder ist es den großen Zeitungen schlichtweg schon egal, was Trump so in die Welt hinausschleudert? Oder geht es (auch) um das Absichern existenzsichernder Inseratenbudgets?

Eisenstangenaktionismus

Sand reicht leider nicht aus, um ein Getriebe in weltpolitischer und weltwirtschaftlicher Größenordnung sozusagen gegen die Laufrichtung zu beeinflussen. Schon das Austauchen einzelner Zahnräder im laufenden Betrieb gestaltet sich zu einer echten Herausforderung. Da müssen schon rabiatere Mittel und Methoden eingesetzt werden. Am besten wären wohl handfeste Eisenstangen geeignet.

Wenn man eine Eisenstange in ein laufendes Getriebe hineinsteckt oder hineinwirft, dann …. Genau, Sie wissen das natürlich, und Sie können sich bestimmt auch vorstellen, dass eine solche Eisenstange dem Stecker oder dem Werfer gewaltig um die Ohren fliegen kann. Na, eben.

Eine solche undefiniert herumfliegende Eisenstange trägt z.B. die Aufschrift „Achtung! Schutzzölle!". Wer konnte schon ahnen, dass gewisse besondere Stahlsorten importiert werden müssen, weil man sie im eigenen Land eben nicht produziert. Wer konnte weiters ahnen, dass Schutzzölle auf Stahlimporte in der Folge eventuell auch die eigene Autoindustrie, noch dazu an sensiblen Standorten wie jene in Detroit, treffen könnten?

Im Gesamten führen Schutzzölle gerade bei Vorliegen international vernetzter

Wertschöpfungsketten zunächst zu enormen operativen Verlusten. Diese Verluste treffen alle Beteiligten, aber besonders auch den Abschotter selbst! Natürlich sind auch strategische Verluste sehr wahrscheinlich. Denn die durch Schutzzölle benachteiligten Länder werden sich mittelfristig andere Exportmärkte suchen. Sie werden ihre strategischen Allianzen entsprechend anpassen bzw. neue aufbauen. Sie werden scher einiges un*ternehmen, um die einschränkende Wirkung von Schutzzöllen zu umgehen oder zumindest zu mindern.

Wahrscheinlich gibt es noch viele andere Beispiele, bei denen das Projektil eines im Ansatz wohlgemeinten, aber viel zu kurz gedachten Schnellschusses wie ein Bumerang zielsicher wieder an den Absender zurückkommt.

Irgendwie drängt sich auch folgende Wahrnehmung auf: Noch gestern standen einige Wirtschaftszweige der USA nach der Meinung Trumps angsterfüllt und schaudernd zitternd vor dem Abgrund. Aber Trump hat sofort und ohne zu zögern oder lange nachzudenken bzw. irgendjemanden vorher zu konsultieren den entscheidenden Schritt nach vorne gemacht und dabei alle mitgerissen. Er konnte auch gar nicht anders, denn es sind ja auch alle geschlossen hinter ihm gestanden.

Öl und Gas

Haben die USA doch soeben Unsummen in das Umsetzen des Fracking-Verfahrens zur Ölgewinnung investiert, kommen die Europäer daher und forcieren russisches Erdgas via Erdgasleitung Nordstream 2. Ja, dürfen die denn das?

Fakt ist, dass Fracking-Öl ohne große und abgesicherte Märkte in die Pleite läuft. Das darf nicht sein. Daher muss Trump helfen. Die Botschaft lautet: „Wir können Europa nicht mehr beschützen, wenn sich Europa von Russland im Energiebereich abhängig macht." Na sowas!

Die Frage muss gestattet sein, ob eine Abhängigkeit Europas auf dem Energiesektor von den „guten" USA besser ist als eine Abhängigkeit vom „bösen" Russland. Keine Abhängigkeit ist gewiss besser als nur eine einzige. Daher fährt die EU im Energiebereich vernünftigerweise sozusagen Stereo.

Völlig offen ist aktuell, wohin sich die Energiewirtschaft insgesamt orientieren wird. Atomstrom ist out, Abgase aus Benzin- und Dieselantrieben sowie Kohlekraftwerke verpesten die Luft. Strom ist im Kommen. Fraglich ist, woher er in jenen Mengen kommen wird, die nötig sein werden, um die Effekte der Abkehr von traditionellen Primärenergieträgern nachhaltig und vor allem versorgungssicher aufzufangen.

Von den USA gibt es aktuell leider nur Aktivitäten zur Vermarktung von Fracking-Öl. Ist auch logisch, weil der Ölsektor der Pressuregroups Öl noch möglichst lange als Cashcow einsetzen will. Da besteht kaum Interesse an einer Neuorientierung. Hauptsache, die momentane Kasse stimmt.

Rüstung

Das folgende Rezept versteht wohl jeder: Man lege den Aufrüstungsschalter auf „GO" und kündige bestehende Verträge zur Abrüstung möglichst ohne Vorwarnung und jedenfalls einseitig und kaufe dann als Staat USA bei der Rüstungsindustrie deftig ein. Vorher lasse man aber noch kräftig im Rüstungsbereich neue Systeme entwickeln, denn man will ja auf dem neuesten Stad der Technik sein. Die Rechnung begleicht ohnehin der verängstigte Bürger im Wege seiner Steuerleistung.

Hier kommt das Kaufmotiv „Angst" in der Relation Politik <-> Bevölkerung ins Spiel. Wenn man alle möglichen Szenarien der Bedrohung nur drastisch genug darstellt, dann regt sich sofort der Ruf nach Schutz, und wenn er bis in das Weltall hinauf reicht.

Mit der Angst-Methode lässt sich jedes Parlament dazu bringen, Budgetmittel für militärische Ausgaben auch in teils absurder Höhe durchzuwinken. Vielleicht wird man vorher intensiv darüber streiten, um einer Easy-Optik nach außen vorzubeugen.

Solche Budgetzugeständnisse haben eine sehr willkommene Fernwirkung. Denn mit den eigenen, „besseren" Systemen kann man auch die nicht verbündeten Staaten (wie z.B. Russland) zwingen, für das Wohl der eigenen Bevölkerung dringend erforderliche Geldmittel auf „Rüstung" umzuwidmen. Sie dienen ja dem Schutz aller vor den „bösen anderen".

Irgendwie erinnert mich das Ganze an meine Kindheit, als wir im Sandkasten spielten und uns gegenseitig in Rage brachten: „Ich habe den größten ... weiß ich, was!"

In der Relation Politik <-> Rüstungsindustrie wirkt allerdings das Kaufmotiv „Gewinn" sehr stark. Denn hier spielt Nachfrage nach Rüstungsgütern die ausschlaggebende Rolle.

Konjunkturpolitisch heben Einkäufe des eigenen Verteidigungsministeriums bei der heimischen Rüstungsindustrie die Inlandsnachfrage und versorgen viele Zulieferbetriebe mit stets willkommenen Aufträgen. Auch Arbeitsplätze werden damit abgesichert.

Allerdings wird hier das Geld nur von der linken in die rechte Jackentasche umgeschichtet bzw. intern nach Belieben umverteilt. Denn die Deckung für das erforderliche Einkaufsbudget kommt aus dem Steuertopf.

Es verhält sich wie in der Familie. Der Sohn hilft beim Geschirrspülen, die Tochter mäht den Rasen (haben Sie die Rollenverschiebung auf Anhieb gemerkt?). Beide Kinder bekommen ein paar Euro für ihre Dienste. Dadurch wird die Familie als Ganzes weder reicher noch ärmer. Tochter und Sohn hingegen werden subjektiv reicher, und die Eltern subjektiv ärmer.

Um diese Kreislaufeffekte etwas abzumildern, sollen die Mitgliedsländer der NATO bitte doch endlich gefälligst mehr amerikanische Rüstungsgüter als bisher und vor allem weniger zögerlich einkaufen. Bleibt das aus, dann wird halt die NATO bzw. die USA nicht mehr alle gewünschten Schutzaufgaben wahrnehmen können. Aha, hier wird also über das Kaufmotiv „Angst" (innen)politischer Druck auf die zurückhaltenden NATO-Mitglieder ausgeübt.

Kriege sind aus der Sicht der Rüstungsindustrie reine und vor allem sehr willkommene Marketingevents bzw. Verkaufsshows. Denn nur das, was irgendwie zerstört worden ist, muss auch dringend nachbeschafft werden. Man kann ja schließlich nicht auf Dauer das gesamte Waffenarsenal durch schnöde

Abrüstung oder wegen technischer Veralterung in periodischen Abständen vernichten.

Also, feste auf Kosten der Steuerzahler und zu Lasten von Bildung, Ausbildung und Infrastruktur draufhauen! Irgendein Land wird die USA schon so lange zur Weißglut reizen, bis die USA keine andere Option mehr haben werden, als militärisch einzugreifen.

Es genügt ja schon, wenn ein erdölexportierendes Land gedenkt, seine Erdölexporte künftig nicht mehr in US-Dollars, sondern etwa in EURO abrechnen zu wollen. Also nein, geht's noch?

Man muss ja nicht immer gleich selbst aufmarschieren. Nein, nein, man kann ja andere vorschieben und Stellvertreterkriege befeuern. Hauptsache, es wird mit Waffen und Munition aus dem Dunstkreis der USA geschossen, was das Zeug hält.

In dieses Szenario passt der aktuell angedachte Aufbau eines eigenen EU-Heeres aus der Sicht Trumps so ganz und gar nicht. Denn dann wird nicht mehr die NATO in den USA Rüstungsgüter für die Mitgliedstaaten der EU einkaufen, sondern ein allfälliges EU-Heer wird seine Ausrüstung selbst und soweit es geht direkt in Europa beschaffen. Oh, oh, oh, da droht Umsatzverlust! Ne, ne, nicht mit Trump!

Atomtechnologie

Bestimmte Unternehmen in den USA verfügen über großes atomtechnisches Knowhow. Auch dieses will vermarktet werden. Wegen der Brisanz des Betriebs von Atomkraftwerken wird aber der Bau neuer Atomkraftwerke gar nicht mehr gerne gesehen.

Da kann nur Trump helfen, indem er als mit Akquise Beauftragter der betroffenen Technologieunternehmens aktiv wird. Es geht schließlich um Milliardengeschäfte und um mehr als eine Handvoll Arbeitsplätze in den USA!

Wenn sich dann aber der an amerikanischer Atomtechnologie interessierte Staat weigert, sich internationalen Atomkontrollszenarien zu unterwerfen, dann bedarf es umfangreicher und tiefgreifender Deals, um aus dieser Nummer wieder herauszukommen. Denn ein weiteres mit Atomwaffen ausgestattetes Land ohne Kontrolle unter Federführung der USA geht gar nicht.

Sanktionen sind die Folgen solcher Widerborstigkeit. Die EU ist zögerlich beim Mitmachen? Ja, dürfen die denn das?

Starten Sie einen Selbstversuch! Legen Sie Ihrem Hund ein Stück Fleisch vor die Nase und sagen sie ihm unmissverständlich, dass er nur eine Hälfte dieses Fleischstückes fressen darf. Könnte er wie ein Mensch denken, würde er Sie zumindest für grenzenlos doof halten oder Ihre Entmündigung betreiben. Denn so einen offensichtlichen Irrsinn würde er sich niemals bieten lassen. Er würde Sie zumindest anbellen oder sogar beißen, wenn Sie ihm „sein" Stück Fleisch nach dem halben Verzehr wieder wegnehmen wollen.

Kann durchaus sein, dass Sie Ihren Hund sogar einschläfern lassen, nachdem er Sie gebissen hat! Denn er ist ja gefährlich, er hat sogar Sie, sein Frauchen oder sein Herrchen gebissen! Und dieses ungeheuerliche Verhalten hat er gesetzt, obwohl Sie bisher doch immer so gut zu ihm gewesen sind! Geht's noch?

Donald Trump und seine Hinterlassenschaften

Trump ist ein Phänomen seiner Zeit und er gedeiht auf der Basis der Gemengelage der ihn umgebenden Interessen. Er repräsentiert offenbar genau den kleinsten gemeinsamen Nenner der Summe jener Anforderungsprofile, die die Vertreter der promotenden republikanischen Pressuregroups für die Person als Nachfolger von Präsident Obama definiert haben.

Trump zeigt gnadenlos auf, was auf der Basis der Gesellschaft in den USA in ihrer aktuellen Konstellation leider alles möglich ist. Er fragt sich dabei nicht, ob sich das gehört, was er aufführt. Nein, er macht eben alles, was in erster Linie jenen Pressuregroups hilft, die ihn nach oben geschoben haben. Und dann macht er das, was ihm hilft.

Ein Orchester, eine Fußballmannschaft ist viel mehr als die Summe der beteiligten Musiker oder Fußballer. Ein Staat wie die USA ist analog dazu ebenso viel mehr als nur die Summe von dekretierten Deals. Aber wen kümmert das schon? Trump sicher nicht!

Wenn Trump in seiner bisher gezeigten Art weiter macht (bzw. wenn man zulässt, dass er so weitermacht), dann werden die USA an Bedeutung markant verlieren. Dies hauptsächlich deswegen, weil Trump die

Menschen in den USA zu sehr beschützen will und sie daher nicht oder zu wenig dem Wind der Konkurrenz aussetzt. Er fordert und fördert seine Leute zu wenig.

Er tritt damit eine generationenübergreifende Welle der Bequemlichkeit los. „Der Trump, der wird's schon richten, das g'hört zu seinen Pflichten, dazu ist er ja da!" lautet abgewandelt eine bekannte österreichische Liedzeile.

Erdöl, Atomtechnologie, Kriegsmaterial - das sind gleich drei Sparten mit strategisch eher fragwürdigen Zukunftsszenarien der Marktattraktivität. An diesen Sparten mit aller Kraft festzuhalten anstatt sich griffige Ausstiegs- bzw. Alternativstrategien zu überlegen, bringt fliegende Eisenstangen wie scharfe Bumerangs auf gefährlichen Gegenkurs.

Trumps Abschottungsversuche werden neue Allianzen über politisch bisher unüberbrückbare Schranken und Grenzen hinweg, jedenfalls aber um die USA herum, entstehen lassen.

Produktströme werden umgelenkt werden. Abgesehen davon, dass die Nachfrage nach Erdöl wegen der technologischen Entwicklungen ohnehin zurückgehen wird, wird man Erdöl vielleicht anderswo einkaufen und eventuell auch in EURO statt in US-Dollars abrechnen.

Die USA haben ihren Ruf des zuverlässigen weltpolitischen Partners mittlerweile zumindest stark beschädigt, wenn nicht sogar schon komplett ruiniert. Welcher Staat hat heute noch Interesse, mit den USA langfristige Kontrakte abzuschließen, um sich später als Opfer eines spontanen, kurzfristigen Deals wiederzufinden? Wie vertrauensvoll kann sich ein Land auf eine Kooperation mit den USA einlassen?

Es ist gewiss vernünftig und richtig, alle Abkommen von Zeit zu Zeit anzuschauen, inwieweit sie inhaltlich noch auf der Höhe der Zeit angesiedelt sind. Das sollte an sich so rechtzeitig geschehen, dass mit Bedacht und unter Vermeidung von Kollateralschäden wertschätzend für alle Vertragspartner nachjustiert oder neu formuliert werden kann. Gerade bei hochsicherheitsrelevanten Themen ist ein derart sorgsames Vorgehen ganz wichtig.

Abkommen ohne lange Vorwarnung einseitig aufzukündigen und gewissermaßen mit der Eisenstange darin herumzustochern entspricht leider dem Trump'schen Führungsstil.

Schaden wird wahrscheinlich auch der seriöse Journalismus nehmen. Die penible Recherche als Basis des unbeeinflussten Journalismus steht in Gefahr, unter die Räder zu kommen. Da sind nun die Medien gefordert, Trumpschen Fake-Anschuldigungen zeitnah und vor allem auch entschieden entgegenzutreten.

Wesentlich langfristiger und unterschwelliger, weil in der gesamten Dimension noch nicht sichtbar, wird sich Trumps Präsidentschaft auf den Umgang der Menschen in den USA untereinander auswirken. Man spricht immer wieder und immer lauter von den gespaltenen USA.

Spannend sehe ich auch folgende Fragestellung: „Wer wird wohl als der langfristig zuverlässigere Partner der großen Wirtschaftsräume angesehen sein?" Es geht hier um Imagewerte, und die sind bekanntlich auf der emotionalen Ebene angesiedelt. Werden die USA in der Relation zur EU die Nase vorne behalten können oder zumindest vorne dabei sein, oder wird Russland und / oder China weiter aufholen?

Es fehlen in den USA tragfähige Impulse, sodass die Menschen in den USA in dieser Phase aktuell fühlen bzw. das Gefühl festigen können: „Ja, es geht weiter voran, es lohnt sich, Amerikaner oder Amerikanerin zu sein, es ist ein gutes Gefühl, Amerikaner oder Amerikanerin zu sein, ich bin wirklich stolz darauf Amerikaner oder Amerikanerin zu sein!"

Kann es in und mit den USA ab dem nächsten Präsidenten nur besser werden, oder gibt es sogar noch Phantasie nach unten?

Wer oder was wird auf Trump folgen? Werden die Wähler nach vier Jahren sagen „Ende der Durchsage!" oder werden sie Trump nochmals durchwinken?

Was passiert wohl mit einem Fußballtrainer, der die ganze Zeit mit sich selbst beschäftigt ist und der sich im Außen verhaltensoriginell zeigt, der lieber Golf spielt, anstatt dem Training seiner Mannschaft beizuwohnen? Ein solcher Trainer wird in kürzester Zeit sehr viel Zeit haben, weil er dann bald nicht mehr Fußballtrainer sein wird.

Verantwortung

Im normalen Leben wird diejenige oder derjenige zur Verantwortung gezogen bzw. die Verantwortung zu übernehmen haben, der Strukturen zerstört, ohne gleichzeitig zumindest eine verhandelbare Alternative vorzulegen.

Diese Verantwortung zu übernehmen wird Trump wohl kaum möglich sein. Denn dazu gehört persönliche Einsicht als erste Stufe. Und diese persönliche Einsicht ist für mich leider nirgends und nicht einmal im Ansatz sichtbar.

Verantwortlich im Fall Trump sind auch uneingeschränkt alle jene Gruppierungen,

die Trump überhaupt ermöglicht haben.
Denn in diesem krassen Fall wird man sich
gewiss nicht hinter der Behauptung verste-
cken könne: „Der (Trump) war's!"

Nicht nur Tump selbst hat sich also beschädigt. Auch die Republikaner in den USA
haben sich sozusagen „in ihr Knie geschossen". Alle Beteiligten haben damit den Ruf
und die Reputation der gesamten USA torpe-
diert.

Glaubwürdigkeit

Der Führungsstil Trumps als Präsident
der USA entbehrt mittlerweile jeder Glaub-
würdigkeit. Zu intensiv war bisher der Zick-
zack-Kurs, den er vorgegeben hat. Besse-
rung ist nicht in Sicht.

Conclusio

Trump liefert als Präsident der USA im Hinblick auf seinen politischen Stil ein recht trauriges Bild. Da fehlt so etwas wie moralischer Rückhalt für die Menschen im Lande.

Ich nehme mir nicht heraus, Trumps Ergebnisse inhaltlich in irgendeiner Weise zu kommentieren. Aber die Art und Weise, wie und unter welchen Begleitgeräuschen diese Ergebnisse zustande kommen und zustande gekommen sind, bedarf eines kritischen Blicks aller. Dieser kritische Blick gebührt auch und besonders jenen Gruppierungen, die Trump ermöglicht haben.

Ich hoffe jedenfalls sehr, dass aus „America first" niemals „America first out" werden möge. Wenn doch: Thank you, Donald!